A LA MÉMOIRE

DU

FRÈRE EUGÈNE

Directeur de l'Institut Agricole

ET DU

PENSIONNAT DES FRÈRES DE BEAUVAIS (Oise)

(1840-1893)

BEAUVAIS

TYPOGRAPHIE D. PÈRE. A. CARTIER, GÉRANT.

1894

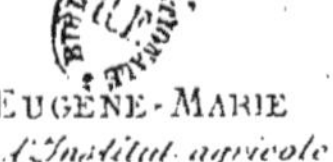

FRÈRE EUGÈNE-MARIE

Directeur de l'Institut agricole.
1864-1893

LE
FRÈRE EUGÈNE

Directeur de l'Institut Agricole

ET DU

PENSIONNAT DES FRÈRES DE BEAUVAIS (Oise)

(1840-1893)

BEAUVAIS

TYPOGRAPHIE D. PERE. — A. CARTIER, GÉRANT.

—

1894

PRÉFACE.

Quand, en ce jour inoubliable du 26 mai 1890, les nombreux amis, les anciens Elèves de l'Etablissement des Frères de Beauvais venaient fêter si joyeusement les *Noces d'or* de l'éminent Directeur, nul ne pensait que les vœux de longue vie offerts cependant avec tant de sincérité n'auraient qu'une courte réalisation.

Les desseins de la Providence sont impénétrables et vont souvent à l'encontre des prévisions et des désirs humains. Dieu avait sans doute jugé que la coupe de mérites de son serviteur était pleine, que sa gerbe était faite et que l'heure était venue pour les anges du Ciel de lui tresser une couronne immortelle.

Comme les vaillants, les héros, le frère Eugène a été frappé au milieu du combat, sur le champ de la victoire, en pleine distribution des prix.

Le 30 juillet 1893, en quelques heures, la

France agricole connaissait la perte immense faite par l'Institut des Frères des Ecoles chrétiennes.

Chacun des anciens Elèves et des amis du frère Eugène était touché au cœur et versait des larmes amères sur la disparition de celui qui avait été pour lui un guide, un mentor, un bienfaiteur.

Nous vivons en des temps où la perte d'un homme de bien est une calamité publique. Mais si la terre s'attriste et se désole en voyant disparaître les bienfaiteurs de l'humanité, en revanche il y a joie dans le Ciel quand un juste se présente devant le Seigneur les mains pleines de bonnes œuvres.

« La mémoire du Juste sera éternelle (P. CXI), » nous dit le Psalmiste. Ayant vécu plus de trente années à côté de Celui que nous pleurons, n'est-ce pas un devoir pour nous de contribuer à rendre son souvenir toujours vivant, non en écrivant une vie complète du frère Eugène, des volumes n'y suffiraient pas ; mais en nous attachant dans ces quelques pages à prouver, par de simples esquisses de cette grande existence, que le nom du regretté Directeur de l'Institut Agricole de Beauvais doit prendre un rang légitime parmi ceux qui ont le plus honoré la Religion, l'Agriculture et la Patrie.

Le frère Eugène appartenait à cette race vigoureuse de la Champagne, qui a donné tant de grands esprits, tant de cœurs généreux, tant de bras vaillants à l'Eglise, à l'armée, à la magistrature, aux sciences, aux lettres.

Il s'est montré constamment l'ami, le défenseur du bien, partout où il l'a rencontré ; dans la noblesse, dans la bourgeoisie, comme dans les enfants de ce peuple qui met sa gloire dans le travail, et ses espérances en Dieu.

Quels mots peuvent mieux résumer cette vie féconde que : Sacrifice, charité, travail opiniâtre et persévérant.

En essayant de faire ressortir de notre mieux ses éminentes qualités, nous espérons que ses confrères, ses élèves, et ses amis y puiseront une douce consolation, de puissants encouragements ; la classe laborieuse, les agriculteurs reconnaîtront une fois de plus que ceux qu'une presse impie et menteuse leur présente comme ses ennemis sont ceux, au contraire, de qui ils reçoivent le plus grand bien, les preuves du plus pur dévouement.

I.

Eugène CHANOINE (frère Eugène-Marie) naquit, le 28 août 1824, à Ablancourt, canton de La Chaussée, arrondissement de Vitry (Marne). Il était le troisième de cinq enfants, dont trois fils et deux filles.

Son père, François Chanoine, était un homme de belle stature, robuste et vigoureux, cultivant avec soin le domaine rural qui faisait vivre la famille.

D'une intelligence pratique supérieure, d'une fermeté de caractère rare, non seulement il gouvernait avec sagesse ceux dont Dieu lui avait donné la charge, mais il était souvent appelé à faire des expertises, à juger les différends dans tout le pays. Son amour de la justice, son intégrité proverbiale, donnaient une autorité absolue à ses décisions ; il était réputé : « intègre, scrupuleux comme un chanoine ! »

C'était en même temps un chrétien sans reproche, remplissant ses devoirs religieux avec la logique de cette foi robuste qui n'admet pas les tergiversations du respect humain, ou de tout autre sentiment aussi peu louable.

Ce respectable père était secondé dans sa lourde charge par une pieuse compagne, Victorine Simonnet, qui ne lui cédait guère en énergie, toute tempérée cependant par une bonté maternelle à toute épreuve, et un dévouement qui ne cessa qu'avec la vie.

A cet heureux contact, avec de si précieuses leçons, les enfants grandissaient en âge, en sagesse et en vertu.

N'est-ce pas la vue de tels exemples, l'éducation virile reçue dans la famille, qui ont fait naître et développer cette énergie, cette puissance de volonté qui, dans le frère Eugène, devait opérer des prodiges. N'est-ce pas là qu'est née cette vocation agricole qui en fera plus tard le Directeur d'un établissement agronomique dont la réputation a fait le tour du monde.

Les liens qui unissaient les deux époux modèles devaient, hélas ! être trop tôt rompus. En 1854, le choléra sévissait en Champagne ; malgré sa robuste constitution, François Chanoine, en quelques heures, fut victime de l'épouvantable fléau.

La pauvre veuve se multiplia pour les soins de la culture et du ménage, sans négliger l'éducation de ses chers enfants. Une heureuse vieillesse, entourée des soins les plus assidus et les plus tendres, a été la juste récompense, ici-bas, de tant de sacrifices, de tant de dévouement. Elle mourut pieusement dans le Seigneur en 1889, à l'âge de 96 ans.

II.

Mais revenons en 1835. Eugène Chanoine manifestait de grandes dispositions pour l'étude; son père jeta sur lui ses vues d'avenir : « Eugène deviendra quelqu'un » disait-il. Dès lors, il résolut de confier l'éducation de son fils aux Frères des Ecoles chrétiennes.

Vitry-le-Français était peu éloigné d'Ablancourt. A la tête de l'Ecole se trouvait un homme éminent, par les qualités de l'intelligence et du cœur. Il avait conquis l'affection et l'estime des élèves et des parents. Nous verrons 45 ans plus tard, le vénérable Frère Aimare venir prendre sa retraite, son repos à Beauvais, auprès du Frère Eugène qu'il a, en quelque sorte, enfanté à la vie religieuse. Son disciple l'entourera de son affection respectueuse, s'efforcera de rendre ses derniers jours aussi doux que possible ; ce sera pour lui l'accomplissement du devoir filial religieux.

Sous un tel maître, Eugène Chanoine devait faire des progrès rapides. Bientôt, en effet, il est à la tête de sa classe. Mais la divine Providence l'attendait là. Cette âme ardente n'était pas faite pour le monde. Les pieuses leçons de la première enfance, les exemples de ses maîtres religieux avaient porté leurs fruits.

Eugène Chanoine demande à entrer dans la Congrégation des Frères des Ecoles chrétiennes.

Quoique bien jeune encore, il aspire à partager le sort des religieux qui lui paraissaient contents, heureux au milieu de leurs pénibles travaux et sous leur robe de bure.

Son père qui avait fondé en lui de si légitimes espérances, ne put se résoudre d'abord à les abandonner et refusa son consentement.

Sa mère quelque peu surprise et mûe par son intérêt tout maternel ne voulut pas davantage. Le bon Frère Aimare étudia, en homme intelligent et prudent, la vocation du jeune Chanoine. Il s'y connaissait en ce genre d'étude et d'apostolat. Plus tard, il sera fier de compter 150 de ses élèves parmi ses confrères. Quelques-uns occupent encore aujourd'hui, dans la Congrégation des Frères des Ecoles chrétiennes, les situations les plus importantes.

Cependant, à force d'instances et de prières, Eugène Chanoine obtint enfin le consentement de ses parents.

Le matin du 29 avril 1837, après de touchants adieux aux siens, le petit novice partait par la voiture publique pour la capitale et il allait frapper à la Maison Mère de Paris, située alors dans la rue Saint-Martin, à l'emplacement occupé aujourd'hui en partie par le chemin de fer de l'Est.

Le très honoré Frère Philippe, qui a tant illustré l'Institut des Frères des Ecoles chrétiennes, dont il est resté supérieur général durant 37 ans, venait de fonder l'œuvre des petits noviciats, c'est-à-dire des établissements libres soutenus par la Congrégation, et où seraient élevés les jeunes gens de 13 à 16 ans qui manifesteraient des signes de vocation religieuse. Cette œuvre, restée unique jusqu'en 1874, a pris aujourd'hui un très-grand et très-heureux développement. Le dernier recensement accusait 35 de ces établissements avec 2,700 jeunes gens, entretenus par des âmes charitables qui mettent en première ligne l'enseignement congréganiste.

A la tête de cette institution naissante, se trouvait un homme remarquable pour la conduite et la formation des enfants. Aussi les années 1837-1838 et 1839 comptent-elles une pléïade de jeunes hommes, condisciples de Eugène Chanoine, qui font le plus grand honneur à la Congrégation des Frères. Citons seulement pour mémoire le très honoré Frère Joseph, aujourd'hui supérieur général de l'ordre. Les Frères Angelum, Nicolaüs, Renaud, Anet, qui sont devenus visiteurs de l'ordre.

Après deux années d'études et de formation dans cet asile de la piété et du travail, Eugène Chanoine sentant une vocation sérieuse, demanda à entrer au grand Noviciat. Là, sous la direction d'un excellent maître des novices, dont il aimait à parler plus tard, le nouveau postulant fit des progrès rapides dans les voies de la vie religieuse.

Après une année d'épreuves, le jeune novice était assez formé pour aller affronter les luttes d'une classe.

Le 8 juillet 1840, il fut envoyé au Pensionnat de Passy.

A la tête de ce magnifique établissement était le Frère Théotique, un organisateur, un éducateur de premier ordre ; il avait su s'entourer de professeurs qui firent bientôt la réputation du vaste établissement qu'il avait fondé. Passy compte aujourd'hui 850 élèves et donne des résultats magnifiques et justement appréciés.

Le frère Eugène était donc à bonne école pour se former à la mission de professeur et d'éducateur.

Mais c'était sur un autre champ, plus éloigné du bruit de la capitale, que Dieu voulait faire travailler son jeune et ardent serviteur.

III.

Au commencement de l'année scolaire 1840, le Directeur de Beauvais, le frère Menée, de vénérée mémoire, venait trouver son Supérieur général pour lui demander quelques professeurs capables de faire prospérer la grande œuvre que son génie voulait fonder. Le frère Eugène est appelé. En quelques minutes d'entretien le frère Menée, homme perspicace, devine les ressources exceptionnelles qu'offre le frère à petite taille, à mine ronde et souriante, à l'œil étincelant, à la démarche vive et décidée, et le lendemain 8 octobre, la voiture publique amenait à Beauvais les deux hommes dont l'union, dans le talent comme dans le dévouement, devaient opérer les grandes merveilles que nous admirons aujourd'hui. Breton d'origine, le frère Menée avait, avec cette perspicacité qui devine, cette ténacité, cette persévérance que rien n'arrête et que couronne presque toujours le succès.

De cette Champagne, si fertile en hommes remarquables, le frère Eugène en avait apporté l'énergie, la vigueur.

Le voilà donc à Beauvais, ce jeune religieux qui, par ses connaissances profondes et variées, par un dévouement incessant, devait se faire une si grande place non seulement dans cette cité, mais dans le département et dans la France entière.

Ses débuts ont lieu dans la première classe de la modeste école communale de la place Saint-Etienne.

Puis, lorsque le Demi-Pensionnat et le Pensionnat se fondent dans la rue du Moulin-Alard, c'est le frère Eugène qui est chargé de la partie scientifique, et il s'en tire à merveille.

L'établissement est bientôt transféré rue Nully-d'Hécourt ; là le frère Eugène assiste aux diverses transformations et constructions des bâtiments remplacés définitivement (1842-44 et 59) par ceux que nous admirons aujourd'hui.

Les premiers élèves du Demi-Pensionnat lui furent confiés. Il leur enseignait les mathématiques, les sciences physiques et naturelles avec autant de succès que la grammaire et le français.

Un bon nombre de ses jeunes élèves sont devenus des hommes éminents, et ils attribuent à ces heureux commencements les succès qu'ils ont obtenus dans diverses carrières. Ne pouvons-nous pas signaler ici les Desjardin, les Wallon, les Barbier, les Sirouy, les Bouctard, etc., etc.

Quelques années plus tard, son enseignement s'élève à la hauteur des plus belles intelligences avec les élèves des premières classes du Pensionnat qui vient d'être créé. Les écoles centrale, polytechnique, etc., peuvent se glorifier d'un certain nombre des élèves du frère Eugène qui en sont sortis dans les bons rangs.

Ses disciples se souviennent encore de cet élan, de cette vivacité et en même temps de cette lucidité avec lesquelles il enseignait à résoudre les questions les plus ardues des mathématiques élémentaires et supérieures. Aussi les heures de leçon paraissaient courtes ; ses élèves s'instruisaient en se jouant, en quelque sorte, des difficultés.

Mais les prédilections du frère Eugène étaient pour les sciences naturelles, surtout pour celles qui se rapportent le plus directement à l'agriculture. La chimie, la botanique, la zoologie générale faisaient l'objet d'études pratiques très intéressantes. Que de fois ne l'a-t-on pas rencontré dans les riches stations des environs de Beauvais, à la recherche des plantes usuelles ou rares ! Tantôt c'étaient des amis de vieille date, amoureux comme lui des productions naturelles, qui l'accompagnaient pendant les vacances, avec une boîte à herboriser et une spatule à la main. MM. Lecoq, Laffineur, Delacour, Caron, etc., sont devenus fort compétents dans cette science.

Un jeune collègue qui a laissé aussi de précieux souvenirs à Beauvais avait une préférence marquée pour l'entomologie ; il faisait souvent partie des excursions. Après la chasse à l'insecte ou au volage papillon par le frère Milhau ou M. Delacour, les botanistes récoltaient la plante que d'autres n'auraient pas aperçue.

Ce joyeux apprentissage n'absorbait pas complètement le frère Eugène; les réflexions historiques, poétiques ou les récits humoristiques s'entrecroisaient entre compagnons, quand, assis aux pieds d'un chêne ou d'un ormeau, la loupe et la flore à la main, on déterminait la plante inconnue.

Le frère Eugène ne travaillait pas pour lui ; c'était le frère des Ecoles chrétiennes, le professeur qui employait ainsi ses moments de loisir pour en faire ensuite profiter ses élèves dans des leçons aussi lumineuses que savantes et pratiques.

La chimie n'avait plus de secrets pour le jeune professeur. Non seulement il avait pris pour maîtres et pour guides Berzélius, le baron Thénard, Pelonze et Fremy, Payen et tant d'autres savants dont les ouvrages étaient devenus siens ; mais il avait voulu se servir lui-même du creuset, au laboratoire, pour scruter les corps et les séparer en leurs éléments par l'analyse qualitative et quantitative.

De ce modeste laboratoire il sortira plus tard des études savantes qui viendront corroborer le dire des anciens chimistes ou les mettre sur une nouvelle piste pour découvrir certains corps ou modifier les idées émises sur quelques autres.

Que dire du professeur de mathématiques ! Si les autorités scientifiques de Beauvais se plaisaient à venir entendre les leçons d'histoire naturelle du frère Eugène, qu'auraient-ils dit s'ils avaient vu une jeunesse intelligente et studieuse suspendue aux lèvres du jeune frère leur démontrant un théorème de géométrie ou à la recherche d'une formule algébrique se rapportant à la géométrie analytique, au calcul intégral ou infinitésimal. Pas la moindre distraction pendant ce temps. Les devoirs, les applications pratiques suivaient toujours la théorie.

Le frère Eugène avait-il pour but de ne faire de ses élèves que des jeunes gens instruits, de futurs savants ? Ce serait faire injure à son caractère de religieux de s'arrêter un instant à cette pensée. Ecoutons-le répondre lui-même. Dans ses causeries familières avec ses confrères, il aimait à rappeler le rôle du professeur religieux : « La jeunesse, disait-il, est ardente, passionnée ; deux courants opposés la sollicitent ; l'un plus fort, le mal, la satisfaction des sens ; l'autre le bien. Voulez-vous garder leur moralité, enrayer ce courant vers le mal? Donnez-leur la passion du travail; alors ils deviendront accessibles à la piété, à l'amour du bien; vous les sauverez du naufrage ».

Que d'hommes lui doivent aujourd'hui, avec une situation honorable d'avoir conservé, avec leur foi, l'amour de la religion et de la patrie, parce qu'ils ont appris avec lui à aimer le travail.

IV.

En 1852, le frère Menée reçoit la direction du cours
normal de l'Oise. Pendant 33 ans, les frères du Bienheureux de La Salle continueront à le diriger. Ils four-
niront les locaux, les directeurs, les professeurs, sans
la moindre rétribution. *Trente élèves boursiers* au taux
de 500 fr. seront seuls entretenus par le département ;
ce n'est donc qu'une dépense annuelle de 15,000 francs.

Là encore, le frère Eugène donnera son généreux concours. Ses cours de zoologie, de physique, de botanique, de chimie, seront suivis avec assiduité par cette
jeunesse d'élite.

Le cours normal ne fournira pas moins de 850 élèves
brevetés, dont 100 avec le brevet supérieur, qui iront
relever dans l'Oise et dans les départements voisins le
niveau de l'instruction primaire.

Pour se conformer à la loi de 1879, le département
de l'Oise a dû se pourvoir d'une Ecole normale qui
coûte annuellement tout près de 100.000 fr. Il serait
facile de calculer l'énorme économie réalisée par les
Frères au profit du département de l'Oise, pendant les
trente-trois années de direction du cours normal.

Ce professorat, déjà si fécond, n'était que le prélude,
une simple préparation à une carrière de trente années
de labeur d'un autre genre, mais non moins utile à la
Société.

Le frère Ménée était connu pour un homme capable de tout entreprendre dès qu'il y avait un bien à réaliser.

L'habile Directeur de l'Ecole normale et du Pensionnat s'affligeait de voir un trop grand nombre de ses élèves de la campagne, déserter la profession de leurs parents et aller grossir les rangs des déclassés des villes. Aussi quand l'honorable Edouard de Tocqueville, président de la Société d'Agriculture de Compiègne, lui proposa d'ouvrir un cours d'agriculture et de le confier à M. Gossin, il n'hésita pas à entrer pleinement dans cette voie. Dès ce jour, les relations les plus intimes s'établissent entre ces trois hommes faits pour s'entendre et mener une œuvre à bonne fin. Pendant quatre ans les élèves du cours normal et les premières classes du Pensionnat suivent avec intérêt des études nouvelles pour eux, mais qui doivent leur être très profitables.

L'intelligent frère Eugène voit avec bonheur s'organiser un cours dans lequel ceux qu'il professe vont trouver des applications nombreuses et directes. Il le suit, il l'encourage et déjà sans doute il aperçoit, dans un avenir prochain, la création d'une œuvre à laquelle il consacrera les années les plus fructueuses de sa vie.

Les résultats des cours faits par M. Gossin étaient déjà très appréciables, mais cela ne suffisait pas.

Le grand apôtre de l'Agriculture croyait le moment venu de réaliser enfin l'idée qui le poursuivait depuis longtemps : *Que des leçons d'agriculture devraient dans une juste mesure, faire partie de l'instruction publique à tous les degrés.*

Discuté et admis en principe par la pluport des membres du Congrès central d'Agriculture, ce vœu avait pour chauds partisans MM. Dumas, Blanqui, Al. de Tocqueville et une foule d'hommes éminents.

D'autre part, M. Ed. de Tocqueville, le baron de Corberon, les présidents des Sociétés d'Agriculture de Compiègne et de Beauvais sollicitaient le frère Menée et M. Gossin de créer une œuvre capable de donner des apôtres de l'enseignement classique agricole.

Bien que hardi dans les entreprises, le Directeur de l'établissement de Beauvais devait avant tout s'assurer un personnel suffisant pour la réalisation de ce vœu.

Le frère Eugène était là. Ses occupations, déjà multiples, ne suffisaient pas encore à l'ardeur de son zèle.

Dès lors, il entre dans les conseils intimes du frère Menée. Ce dernier ne proposera rien, ne décidera rien sans consulter celui qui sera, désormais, son bras droit, sa cheville ouvrière.

Le conseil de la maison de Beauvais était bien d'avis qu'il fallait essayer de créer l'œuvre proposée par M. Gossin ; elle promettait de si bons résultats !... mais elle faisait aussi entrevoir d'énormes sacrifices. Puis, il fallait le consentement du Supérieur général des Frères. Voici, d'ailleurs, comment le frère Philippe, de vénérée mémoire, raconta lui-même l'histoire de cette fondation dans la première réunion des anciens Elèves de l'Institut, à Paris, à la rue Saint-Antoine.

« Messieurs,

« J'assiste à l'accomplissement d'une prophétie. Il y
« a plusieurs années, lorsque le frère Menée vint me
« faire part de ses projets et de ses espérances pour la
« fondation de votre Institut, je le combattis.

« Il revint à la charge. MM. de Tocqueville et Gossin
« se joignirent à lui. J'hésitais ; à toute force je ne
« voulais pas me rendre.

« Enfin, ils renouvelèrent leurs instances et me
« dirent :

« Laissez-nous faire, et vous verrez.

« J'ai laissé faire et je vois !...»

V.

C'était le signe de la Providence ; son heure avait
sonné, l'Institut agricole était fondé ; en 1854, il fut
reconnu par le Gouvernement. — Le 8 décembre 1855,
il fut solennellement inauguré et placé sous la protection de la Vierge immaculée.

Dès lors, il faudra un personnel choisi de professeurs, de répétiteurs, de surveillants ; le frère Eugène
sera tout cela à la fois. Pendant plusieurs années
encore, il continuera néanmoins ses cours au Pensionnat. Certains jours il ne comptera pas moins de
dix et douze heures de classe.

M. Gossin enseignera l'agriculture et l'économie
rurale ; un habile zootechnicien, M. Dubos, encore aujourd'hui le doyen des professeurs, sera chargé du
cours de zootechnie.

M. Auger, procureur impérial, fera le cours de droit.
Le frère Eugène prendra pour lui les mathématiques, la
zoologie générale, la physique, la chimie, la botanique.

Il faudra aussi un enseignement pratique. Le petit
domaine de l'abbaye de Saint-Lucien sera loué. On le
peuplera d'un bétail de choix. Les terres seront assolées
et cultivées avec soin. On donnera une large part aux
champs d'expériences. C'est là que, pendant 10 ans con-
sécutifs, le cher frère Eugène, avec le concours du petit
nombre d'élèves peuplant l'Institut à ses débuts, fera

des études, des recherches qui étonneront le monde savant. Des essais nombreux seront faits sur les différentes espèces animales et sur les races convenant le mieux à la région du Nord. Les lois de la zootechnie n'auront plus de secrets pour l'éminent physiologiste.

L'étude des plantes ne l'intéressera pas moins. Par ses soins, une collection des principales espèces et variétés de blés, d'orges et d'avoines, sera renouvelée plusieurs années de suite et expérimentée au point de vue du climat, du terrain, ou de la valeur même de chaque variété, en paille, en grain; on étudiera leur richesse en gluten, en amidon, etc.

L'analyse des farines et leurs essais pour la panification ont fait l'objet de consciencieuses recherches qui présentent encore aujourd'hui un grand intérêt.

Puis viendra le tour de la pomme de terre; pendant 20 ans, 250 à 300 variétés seront soumises à ses investigations tant au point de vue de leurs aptitudes aux terrains, que de leur rendement et de leur richesse en fécule.

Les légumineuses, pois, haricots, etc., auront aussi une large place dans ces études pratiques.

Une magnifique collection de 200 variétés de graminées fourragères sera cultivée avec soin. De nombreuses analyses indiqueront leurs qualités nutritives et toutes les ressources qu'elles offrent pour la confection des prairies naturelles, selon la nature du sol.

Les Annales de l'Institut, années 1861 et 1862, contiennent des notes précieuses qui ont attiré l'attention du monde savant.

De tels travaux ne pouvaient rester ignorés. Le frère

Eugène travaillait pour ses élèves et pour la divulgation des meilleures espèces dans tous les genres.

Dès 1854, à un concours de Beauvais, il obtenait une médaille d'or pour une magnifique collection de produits agricoles.

De 1854 à 1862, l'Etablissement des Frères avait obtenu 49 prix. La part du frère Eugène à ces récompenses était grande; pour en témoigner, signalons le *diplôme d'honneur spécial* qui lui fut décerné en août 1860 par la Société Polytechnique universelle.

VI.

L'Etablissement de la rue de Nully-d'Hécourt prenait une telle importance que le frère Menée demanda à s'adjoindre le frère Eugène en qualité de Sous-Directeur. Son émule en science, en habileté, le frère Milhau reçut aussi le même titre.

Dès lors il entre dans le conseil intime de son Directeur, il devient, son confident, son conseiller.

En 1863, accablé sous le poids des préoccupations et des fatigues, le frère Menée est atteint d'un mal qui ne pardonne pas. Une opération faite par les docteurs Nelaton et Richard avait donné pendant quelques temps l'espoir de sauver le vénéré malade. Mais les efforts de la chirurgie et de la science échouèrent, et après une année de cruelles souffrances supportées religieusement, le frère Menée mourut. Son éloge retentit du haut de la chaire de Saint-Etienne. Le vénérable évêque de Beauvais, Monseigneur Gignoux, de sainte mémoire, se fit lui-même son éloquent panégyriste.

Le maire de Beauvais, M. Bellon, en présence d'une foule immense, accourue aux funérailles, prononça sur la tombe du défunt son touchant éloge.

Pendant l'année de maladie du frère Menée et surtout après sa mort, 10 juin 1864, jusqu'aux grandes vacances de cette même année, le frère Eugène, en qualité de Sous-Directeur, s'était exercé au gouvernement de l'importante maison de la rue Nully-d'Hécourt. Il était donc tout désigné à ses supérieurs pour en prendre définitivement la direction.

Aussi lorsque, au discours de la distribution des prix présidée par Mgr Gignoux, le vénérable évêque, après le récit des péripéties, des difficultés, des luttes soutenues victorieusement par le frère Menée, ajouta :

« Mes enfants, un Père vous a été ravi ; la Providence vous en a réservé un autre que vous connaissez bien ; vos cœurs l'ont désigné avant même sa nomination officielle. »

La salle retentit des applaudissements unanimes et significatifs de la nombreuse assistance.

VII.

Le 6 août 1864, en effet, l'Etablissement des Frères
cessait son veuvage. Un nouveau Père était donné aux
religieux et aux nombreux enfants qui devaient le fréquenter; le frère Eugène recevait sa nomination officielle.

A partir de cette date mémorable, le Pensionnat, le
Cours normal et surtout l'Institut agricole, vont entrer
dans une nouvelle phase et marcher mieux que jamais
dans la voie de la prospérité. Il y avait à côté du nouveau Directeur, des aides, des auxiliaires précieux;
c'étaient les frères : Agbert, Agohard, Laurentius, Auguste, Arsénius, Albert, Adelin, etc. MM. Dubos, Auger,
Bouctard, Bourguignat, de Tourtier, Delaville, etc. Il
comptait des protecteurs et des amis au Ministère.
C'étaient MM. de Forcade La Roquette, Drouin de Lhuys,
Magne, Rouher, Lefèvre Sainte-Marie, Porlier, etc.

L'administration départementale n'était pas moins
sympathique avec MM. Randoin-Berthier, L. Che-
vreau, etc.

Le frère Eugène sut réunir et conserver toutes ces
précieuses sympathies au profit des œuvres multiples
qu'il avait à diriger. Il en conquerra un bien plus
grand nombre dans la suite et on pourra dire à sa
mort : « qu'il avait beaucoup d'amis, quelques contra-
« dicteurs, mais pas un ennemi. »

D'autre part, les importantes constructions entreprises quelques années auparavant étaient terminées.

Une splendide chapelle gothique, centre de l'Archiconfrérie de Saint-Joseph, venait d'être édifiée, grâce au zèle infatigable d'un saint prêtre, Mgr Claverie, neveu de Mgr Gignoux.

Aumônier de l'Etablissement depuis un bon nombre d'années, cet ange de piété et de bonté, de concert avec le nouveau Directeur, saura s'entourer d'excellents prêtres qui deviendront ses auxiliaires pour les offices religieux et pour la direction spirituelle des élèves; ce sont les abbés Ozouf, Adde, Paillart, Pillon, Dubois.

Et pour assurer l'avenir de l'Archiconfrérie qu'il a fondée, et qu'un Bref de Pie IX approuve et fixe dans cette chapelle bâtie à cette intention, il donnera sa démission et demandera que la direction de l'œuvre et l'aumônerie soient confiées à des religieux; c'est la congrégation des Pères du Saint-Esprit et du Saint-Cœur de Marie qui prendra cette double succession.

Dans sa modestie et dans sa simplicité, il s'oubliera lui-même, et acceptera la modeste et parfois pénible fonction d'aumônier de la prison de Beauvais.

Là pendant 16 années, il accomplira des prodiges de charité et de dévouement en faveur de ces pauvres déchus dont il saura conquérir la confiance et la sympathie.

C'est là que Dieu viendra prendre son bon et fidèle serviteur dont le souvenir à Beauvais restera comme le suave parfum d'une vie remplie de bonnes œuvres et couronnée d'une sainte mort. Sa dépouille repose dans la tombe des Frères, à côté de celles des frères Ménée, Arthème, Arsénius, Auguste et Eugène-Marie.

En des temps meilleurs, on voudra réaliser le vœu de tous: c'est que ses précieux restes soient placés aux pieds de saint Joseph, dans le sanctuaire même qu'il a fait élever en l'honneur de son glorieux Patron et Protecteur.

VIII.

Dans de telles conditions, un homme de valeur comme le frère Eugène devait inaugurer, dès son arrivée au pouvoir, une nouvelle ère de prospérité.

Le Pensionnat comptera de beaux jours ; le cours normal atteindra les succès les plus éclatants et les plus nombreux, au point qu'un inspecteur d'Académie pourra dire en pleine distribution de prix :

« Votre cours normal mérite, à tous les points de vue,
« par ce temps d'épreuves périlleuses que nous traver-
« sons, d'attirer l'attention des amis, non les plus
« bruyants, mais les plus vrais, les plus intéressés de
« l'enseignement populaire.

« Ce cours normal, que le frère Eugène-Marie dirige
« depuis bientôt trente ans, vous savez avec quelle
« puissance et quelle verve toujours renaissante, a ob-
« tenu et obtient toujours les succès les plus mérités. »
(M. E. Rendu, 6 août 1882.)

L'Institut agricole, sous cette nouvelle direction, a pris une telle impulsion, un tel essor vers le progrès que, aujourd'hui même, il peut soutenir avantageusement la comparaison avec les écoles les plus prospères de l'Etat.

Donnons ici le résumé des récompenses officielles méritées par l'Institut agricole, les chiffres parleront plus éloquemment que nous ne saurions le faire.

De 1855 à 1862, c'est-à-dire dès ses débuts, l'Institut

agricole avait déjà obtenu 49 prix, dont deux médailles d'or à l'Exposition universelle de Paris.

Une médaille d'or, une de vermeil et un diplôme d'honneur à l'Exposition de Londres, en 1861.

Depuis, les produits agricoles ont obtenu :

12 médailles d'or.
4 médailles d'argent et 1 médaille de bronze.

Les animaux reproducteurs ont obtenu :

30 médailles d'or ou premier prix.
35 médailles d'argent ou deuxième prix.
30 médailles de bronze.
33 Mentions honorables.
2 Prix d'ensemble (objet d'art).

Les animaux de basse-cour :

2 prix d'ensemble (objet d'art).
2 médailles d'or.
24 médailles d'argent.
32 médailles de bronze.
48 mentions honorables.

Pour la seule espèce chevaline on a obtenu

40 premiers prix.
32 seconds prix.
23 troisièmes prix.
25 quatrièmes prix.
10 cinquièmes prix.

Pour l'apiculture et l'horticulture :

2 médailles d'or.
2 médailles de vermeil.
3 médailles d'argent.
1 médaille de bronze.

Pour les dessins et les travaux scientifiques des élèves du Pensionnat, du Cours normal et de l'Institut :

5 diplômes d'honneur.
2 médailles de vermeil.
3 médailles d'argent.
2 médailles de bronze.
12 mentions très honorables et honorables.

Pour la musique : orphéon, fanfare, harmonie.

1 couronne de vermeil.
3 médailles d'or.
18 médailles de vermeil.
3 médailles d'argent.
3 mentions honorables.

Et pour l'ensemble des travaux pratiques et intellectuels, le frère Eugène recevait, à Compiègne, une *prime d'honneur spéciale*, consistant en un objet d'art d'une valeur de 3,000 francs.

Cette même année 1877, il recevait les palmes d'officier d'Académie.

Au dernier Concours régional, à Beauvais, l'Institut a obtenu un succès peut-être sans précédent dans les annales des concours régionaux :

Un rappel de prime d'honneur.

Deux prix d'honneur et d'ensemble pour porcherie et basse-cour.

Médaille d'or grand module, prix d'arboriculture.

Trente-huit prix, ou objets d'art, ou médailles, pour les races chevaline, bovine, ovine, porcine, galline et produits divers.

Empressons-nous de dire que pour arriver à conquérir tous ces succès, le frère Eugène se multipliait, se sacrifiait.

L'honneur de sa Maison passait avant tout. Il ne s'attribuait qu'une faible part des récompenses si nombreuses que nous venons d'énumérer. Nous aimions à l'entendre répéter qu'au concours régional de Compiègne on lui avait proposé la croix de la Légion d'honneur ou la prime d'honneur. « J'ai préféré cette dernière, disait-il; elle restera comme le témoignage du travail de tous; la première m'eût été trop personnelle. Je ne pouvais l'accepter; ç'eût été une injustice vis-à-vis de mes nombreux et dévoués collaborateurs.

IX.

La petite ferme de l'enclos de Saint-Lucien, suffisante
pour les débuts de l'Institut, ne l'était plus avec le nombre d'élèves toujours croissant. Le frère Eugène va em-
ployer toute son influence et toutes ses ressources pour
avoir un champ plus vaste pour les études pratiques
de l'Ecole. Il loue pour 27 ans la ferme actuelle de la
Maison-Rouge, dite ferme du Bois, d'une contenance de
100 hectares. Les locaux sont appropriés convenable-
ment pour loger les beaux types d'animaux de chaque
espèce.

C'est là surtout que commence sérieusement cette
série d'études pratiques sur les plantes et sur les animaux.

Tout en ayant confiance à l'habile direction du frère
Laurentius, à qui a été confiée la ferme, le frère Eugène
aura la haute main sur tout et s'intéressera aux plus
petits détails.

On commencera par combiner un assolement ra-
tionnel convenant au climat, au sol et aux divers spécu-
lations auxquelles on veut se livrer. On prendra une
longue rotation, celle de 9 ans, dans laquelle on fera
entrer, pour une très large part, la culture des plantes
fourragères améliorantes : luzerne, sainfoin, trèfle.
On aura d'abondantes nourritures pour entretenir un
nombreux bétail, devant donner, avec d'autres produits,
l'engrais améliorateur par excellence, le fumier.

La grande étendue de prairies artificielles (40 hectares) diminuera considérablement le travail des animaux et la main-d'œuvre. Les terres en plaine et de facile culture pourront être cultivées avec des juments qui, tout en fournissant un bon travail, donneront en même temps des poulains. Pour que cette spéculation soit lucrative et serve en même temps de leçon aux élèves, le frère Eugène s'occupera de choisir de bons reproducteurs dans les deux sexes.

A cette époque, l'Etat mettait en dépôt chez le bon cultivateur des juments d'artillerie et du train des équipages pour les travaux des champs et aussi en vue de la reproduction. Les poulains restaient la propriété du dépositaire. Le frère Eugène n'hésite pas à se rendre à Rambouillet, à Versailles, au Bec-Hellouin, pour choisir de bonnes juments qui deviendront la souche des bêtes modèles qui peuplent aujourd'hui l'écurie.

Il s'entendra avec le Conseil général et obtiendra de l'Administration du haras des étalons de choix qui seront installés à la ferme, aux frais de l'Institut agricole.

Alors on fera des appareillements judicieux qui donneront des produits remarquables, obtenant dans les concours les plus belles récompenses. La remonte trouvera là de jeunes chevaux de premier choix, et en une seule année le frère Eugène vendra 8 bêtes à Messieurs les officiers acheteurs, au prix moyen de 1.100 francs.

Les prairies du Marais, location du frère Eugène, seront admirablement utilisées pour l'élevage du poulain. Quelques mois avant sa mort, le savant Directeur résumera le résultat de ses études expérimentales sur cette importante question dans un remarquable discours prononcé à la réunion des principaux agriculteurs de l'Oise : *l'élevage du cheval en prairies humides.*

L'espèce bovine sera aussi l'objet d'études spéciales de la part du frère Eugène. Les principales races de la région du Nord seront expérimentées, et on fixera son choix sur les hollandaise, normande et flamande, comme convenant le mieux autour de Beauvais.

Il voudra aussi essayer les croisements avec le durham. D'accord avec l'Administration, il prendra un magnifique taureau, *Riom*, à la célèbre vacherie de Corbon (Manche). Pendant plusieurs années on étudiera les produits, et on conclura que si le durham, avec les races hollandaise, flamande et normande, embellit les formes, donne de la précocité et facilite l'engraissement, les facultés laitières diminuent sensiblement.

Déjà à la petite ferme de Saint-Lucien, le frère Eugène s'était occupé de l'installation d'une bonne porcherie ; à la ferme Rouge, il voudra qu'elle soit sans rivale surtout pour la qualité des bêtes. Là on admirera les plus beaux types des races yorkshire, craonnaise normande et leurs métis. Les nombreux succès dans les concours répandront sa réputation dans toute la France, et on ne pourra suffire aux demandes des propriétaires éleveurs.

La basse-cour elle-même ne sera pas négligée. Toutes les bonnes variétés de poules seront essayées, non pas une ou deux années, mais pendant quinze et vingt ans. Enfin la basse-cour se verra peuplée de la race qui a donné les meilleurs résultats, la Gournay. Il en sera de même pour les canards, les oies, les lapins. Sur cette dernière espèce, le frère Eugène, voudra renouveler les essais de l'illustre Gayot sur le léporide. — Que de patientes études à cet égard ! Pendant des mois entiers il fera soigner à part des hases, des lièvres et des lapins.

Après plusieurs années de recherches, il conclura comme le savant cité plus haut « qu'il est très difficile d'obtenir le léporide par la hase; mais que le métis, un peu moins prolifique que le lapin, a une finesse de chair et un goût bien supérieur à ce dernier. »

X.

Pour que les résultats des essais sur les plantes et
sur le bétail aient, en quelque sorte, une sanction officielle, et soient ainsi plus profitables à l'agriculture, à
l'instar de quelques rares départements, celui de l'Oise
voudra avoir une Station agronomique. Quel sera son
siège ? A quelles mains habiles la confiera-t-on, pour
qu'elle prospère sûrement et puisse servir de modèle
à celles qui se créeront dans la suite ?

Sans la moindre hésitation, le Conseil général, présidé par M. le duc d'Aumale, dans sa séance du 2 avril
1873, sur la proposition de M. le Préfet Choppin, et
après un rapport de M. Meurinnes : la Station de l'Oise
sera installée à l'Institut agricole, et le frère Eugène en
aura la direction. — C'est une nouvelle charge, de nouveaux labeurs qui vont s'ajouter à ceux d'une administration déjà fort difficile ; mais le frère Eugène ne
calcule jamais avec la peine ; il y a un service important à rendre à la cause agricole, il est là. De vastes
locaux vont être appropriés pour servir de laboratoire.
Ses professeurs les plus capables ne marchanderont pas
leur dévouement à cette œuvre nouvelle de diffusion
des bonnes méthodes culturales, des meilleures variétés
dans les plantes, etc.

Des fonds seront votés et fournis par le Ministère de
l'Agriculture, par le Conseil général, la Société des Agriculteurs de France et les Sociétés d'Agriculture de
l'Oise, pour couvrir les frais de première installation.

Le Directeur demandera et obtiendra qu'un Conseil d'administration et de surveillance soit nommé parmi les hommes les plus honorables du département.

L'année même de la fondation commencera la série de nombreuses expériences, qui se continuent aujourd'hui avec un intérêt toujours croissant. La ferme du Bois, Beauséjour, tout sera soumis à l'expérimentation.

La Station ne se contentera pas de cela ; elle étendra ses champs d'étude chez les principaux cultivateurs des cantons de l'arrondissement de Beauvais.

Le laboratoire ne chômera jamais ; un grand nombre d'analyses de terres, d'engrais, de produits agricoles, seront soumises au contrôle du Directeur.

Dès la fin de 1873, on commença la publication d'Annales fort appréciées du monde agricole savant.

Des rapports annuels très remarquables seront faits sur la marche de la Station et l'emploi des fonds.

Après la première année de fonctionnement, le frère Eugène recevait de l'honorable M. Boitel, inspecteur général d'agriculture, la lettre dont nous extrayons le passage suivant : « M. le Ministre a vu avec plaisir la création d'une Station à l'Institut, et veut y donner son concours en accordant une subvention. Il a trouvé que l'idée d'y adjoindre un Conseil était neuve et heureuse, et pouvait produire d'excellents résultats. *Que, d'ailleurs, on pouvait compter sur le patriotisme, le dévoûment du personnel enseignant, qu'il connaissait de longue date, et auquel il rendait justice.* »

XI.

Tous ces travaux extérieurs auraient suffi pour absorber un homme moins actif que le frère Eugène. Mais lui voulait réserver la meilleure partie de son temps à l'œuvre capitale dont il avait la charge, la direction des Maîtres, l'instruction et l'éducation de nombreux Elèves.

Bien que secondé par d'habiles lieutenants, il savait que l'œil du Supérieur doit tout voir. Il s'intéressait et s'occupait de la conduite et des études de chacun. Jusqu'à sa mort, il prit une part directe à l'enseignement. Il faut l'avoir vu de près pour bien juger et apprécier son incomparable activité.

A la tête de sa communauté, dès 4 h. 1/2 du matin, pour les exercices religieux ; à 6 heures, il se rend tantôt dans une classe, tantôt dans une autre, remplacer un professeur malade ou absent. Dans une autre circonstance, ce sont deux ou trois élèves qui ont un examen spécial à préparer ; avec une patience infatigable, le frère Eugène se fera le professeur, le répétiteur de ces candidats.

La loi du volontariat, en 1872, avait amené à la maison, un bon nombre de jeunes gens qui devaient subir cet examen. On fit une classe spéciale pour eux. Avant de demander le concours de ses plus dévoués professeurs, le frère Eugène prit la grosse part du travail que nécessitait la préparation de ces jeunes volontaires. Les vacances n'étaient même pas un temps de repos pour lui. Les cours se continuaient assidûment jusqu'à la fin de septembre, époque de l'examen du volontariat.

Aussi, les jeunes gens de Beauvais se distinguèrent-ils devant les diverses Commissions, et c'est par 20 et 25 qu'ils furent admis chaque année à jouir du bénéfice de la loi.

Dans ce travail si fatigant du professorat, surtout à un âge avancé, le frère Eugène faisait toujours paraître cette bonne humeur qui attire la jeunesse, l'encourage au travail en lui enlevant ce qu'il a de monotone, d'ennuyeux et de pénible. Il n'oubliera jamais qu'outre le rôle de professeur, il en avait un autre bien plus important : celui d'éducateur et de moraliste chrétien.

Que dire du travail énorme que devait lui donner sa correspondance journalière ? Cependant, il ne laissait aucune lettre sans réponse, et ne se servait que rarement d'un secrétaire. Et quelle forme ronde, mais sympathique et affectueuse, revêtait son style quand il correspondait avec des amis. Une part du temps de ses repas et de son sommeil était consacrée à son courrier. D'une sobriété extraordinaire, il déjeunait en dix minutes et se remettait ensuite au travail. Souvent, 10 heures du soir le surprenaient encore à son bureau.

C'est ainsi, d'ailleurs, qu'il a abrégé ses jours. Avec sa robuste constitution, le frère Eugène devait vivre 100 ans !

Et quand on lui faisait remarquer qu'il se fatiguait, qu'il s'usait prématurément : « *Après moi, la fin du monde* », disait-il en riant.

Il ne pouvait admettre la mollesse, encore moins la paresse ; dans un langage, un peu brusque parfois, cela lui suffisait.

mais qu'on lui pardonnait toujours en faveur de sa franche spontanéité : « *Un tel*, disait-il, *c'est un rossard, il n'a pas de nerf !* »

On ne doit point s'étonner maintenant de l'extension qu'a dû prendre l'Etablissement de la rue de Nully-d'Hécourt avec une telle direction. Les élèves ont afflué de toutes parts au Pensionnat, au Cours normal et à l'Institut. Outre les boursiers, au nombre de 30 seulement, le Cours normal a compté 100 élèves libres qui, après l'obtention de leur brevet, sont allés dans les départements voisins, et même à l'étranger, remplir dignement et chrétiennement la noble mission d'instituteur.

L'année 1869 sera célèbre dans les annales de Beauvais. A l'occasion du Concours régional, cette ville eut l'honneur de recevoir Leurs Majestés l'Empereur et l'Impératrice ; des fêtes magnifiques furent données dans la cité de Jeanne Hachette.

Le frère Eugène, *seize fois* lauréat, alla recevoir ses plus hautes récompenses des mains du Chef de l'Etat. Des applaudissements, des trépignements de joie se manifestèrent alors dans toute l'assistance, et surtout sur la magnifique estrade élevée sur la place de l'Hôtel-de-Ville. Le Directeur du Pensionnat, du Cours normal et de l'Institut agricole, fut remarqué par les augustes Visiteurs.

D'autres auraient pu en profiter pour s'en glorifier et obtenir quelque faveur ; tel n'était pas le frère Eugène. Le religieux, le frère des Ecoles chrétiennes, la Maison qu'il dirigeait, avaient été mis en honneur, en relief ;

XII.

Hélas ! un an après, c'était l'année terrible. Nous voici au mois d'août, en pleine distribution des prix chez les Frères. Monseigneur Gignoux préside cette joyeuse cérémonie. Les premiers chants d'allégresse ont retenti. Les élèves se disposent à recevoir leurs couronnes et leurs prix ; dans la nombreuse assistance, on se préoccupe du sort de nos armées ; plusieurs les voient victorieuses, triomphantes. Nos soldats avaient quitté leurs casernements avec tant d'enthousiasme !...

Une rumeur circule bientôt dans l'assemblée. Une estafette apporte cette dépêche : « *Sommes battus à Werth et à Wissembourg; armée de Mac-Mahon en retraite sur Châlons.....* »

Monseigneur se lève : « *Mesdames, Messieurs, mes « Enfants, une très-mauvaise nouvelle nous arrive ; la « patrie est en deuil; nous ne pouvons être à la joie. Je « propose de lever la séance, et je demande que tous les « lauréats veuillent bien abandonner la valeur de leurs « prix en faveur de nos pauvres soldats blessés.....* »

Après des marques unanimes d'assentiment, on se retire morne et silencieux.....

Alors, commence une période bien pénible pour le Directeur de l'Etablissement; là encore, il montrera sa grandeur d'âme, sa générosité.

Les Frères sont demandés partout dans les ambulances ; les jeunes gens de l'Institut sont appelés en majeure partie sous les drapeaux, ou s'engagent pour la défense du pays, et nous savons s'ils furent braves. Les quatre élèves : de Mengin, des Roches de Chassay, de Vassal-Cadillac, Berteaux, morts au champ d'honneur, en donnèrent un éclatant témoignage.

La rentrée d'octobre ne compta qu'un très petit nombre d'élèves. Une grande ambulance était installée dans l'école succursale de la Madeleine.

Les ressources étaient maigres pour entretenir tout le personnel. Il fallait aussi soutenir les courages abattus. Le frère Eugène fit face à tout. L'ennemi vainqueur est venu s'installer dans les locaux, et veut faire sentir son autorité brutale. Il faut défendre pied à pied les envahissements et les prétentions de la garde luxembourgeoise, des cuirassiers blancs de Bismarck, puis de 300 Saxons et Bavarois..... Le Frère Directeur voit les chefs animés de dispositions plus ou moins hostiles, et on fixe les locaux réservés à la Communauté et aux envahisseurs. Grâce à sa prudente énergie, il évite les graves conflits. On en fut quitte pour de grosses dépenses de fournitures et de réparations pour les locaux occupés pendant plus de six mois.

Un des jours les plus froids de décembre, on vient dire au frère Eugène que 1,100 prisonniers français sont internés momentanément à Beauvais, et que l'un d'eux a demandé à lui parler. « *C'est sans doute le fils Gossin*, dit-il au frère Antonis, *allons le voir...* » Il fallait une permission du colonel prussien ; il l'obtient. Nos deux bons frères arrivent à la caserne, après s'être nantis d'un peu d'argent et de tout ce qui pouvait apporter quelque soulagement à nos malheureux soldats. Après avoir exhibé la permission, deux immenses *Landwer* accompagnent le frère Eugène, l'arme au bras, l'un à droite, l'autre à gauche. On donne pareille escorte au frère Antonis.

Ainsi entourés, nos deux frères arrivent à la porte d'une immense salle, où étaient entassés sur de la paille nos malheureux prisonniers, portant sur eux les traces de la plus grande misère. « *Allez, Monsieur le Pasteur*, dit le chef accompagnateur, *voyez librement vos soldats; je suis bien malheureux; j'aimerais beaucoup mieux être là-bas, où j'ai laissé ma femme et cinq enfants......* »

A la vue des frères, les soldats accourent: « *Bonjour, cher Frère, je suis X..., ancien élève de l'Institut; me reconnaissez-vous?...* » Les autres : « *Cher Frère, écrivez donc à mon père, à ma mère, qui n'ont rien reçu de moi depuis longtemps.* » On vide porte-monnaie, on distribue gants, foulards et tous autres objets pouvant être utiles à ces malheureux. On les quitte avec le même cortège, après leur avoir souhaité bon courage.

Charles Gossin n'était pas là. Peu de jours après, il se battait comme un brave à Saint-Quentin. Une blessure au genou l'avait envoyé dans les ambulances, et il était dirigé sur la Belgique.

L'armistice est signé ; d'autres pénibles inquiétudes devaient venir accabler le frère Eugène. La Commune était déclarée à Paris. Qu'allaient devenir ses vénérés supérieurs, enfermés dans la capitale, et peut-être pris comme otages?... De temps en temps lui arrivaient des frères qui, au moyen d'un stratagème, avaient pu s'échapper du foyer d'insurrection.

Trente frères étrangers sont ainsi hébergés dans la communauté de Beauvais ; il faut pourvoir à leurs besoins, les consoler, les encourager. Le Directeur ne sera jamais au-dessous de sa tâche. Et quand cette horrible tourmente aura passé, et que les frères seront rentrés dans leurs Communautés respectives, ils conserveront le souvenir le plus reconnaissant au bon frère Eugène.

XIII.

En 1872, au moment de la discussion de la loi sur le volontariat d'un an, le frère Eugène fit des démarches actives auprès des pouvoirs publics pour que l'Institut agricole de Beauvais jouisse des mêmes avantages que les autres écoles régionales d'agriculture et que les examens de fin d'année puissent remplacer ceux du volontariat.

Le ministère d'alors paraissait admirablement bien disposé; non seulement on adoptait en principe cette motion, mais on devait répondre favorablement à une demande qui avait pour but de faire reconnaître, par un décret, l'Institut agricole de Beauvais comme *Ecole nationale*, toujours sous la direction des Frères.

Dans une visite, faite au ministère de l'Agriculture, le frère Eugène reçut formellement la promesse de ce décret. Séance tenante, on lui offrit trente bourses de l'Etat.

Après avoir consulté son Conseil, et tout en désirant voir son Ecole jouir de quelques avantages accordés si largement à celles qui ont quelque attache avec l'Etat, il refusa les bourses, aimant mieux conserver une certaine autonomie.

L'affaire allait être réglée en faveur de l'Institut quand des intrigues jalouses la firent échouer.

Cependant, à la Chambre des députés et sur la proposition de M. d'Aboville, l'Institut de Beauvais obtint le sursis d'appel en faveur des jeunes gens de l'Ecole qui auraient subi l'examen du volontariat.

Le frère Eugène, homme de liberté et d'indépendance pour tout ce qui concernait la marche de la Maison dont il était chargé, ne regretta jamais cet échec.

Dès les premiers instants, il avait deviné les ennuis, les tracasseries, que pouvait susciter, dans l'avenir, la trop grande ingérance d'une certaine administration officielle, dans l'orientation de la direction de l'Institut agricole.

Depuis 1854, l'Institut de Beauvais recevait, sur les fonds de l'*encouragement à l'agriculture*, une subvention annuelle dont l'emploi était justifié chaque année, par un rapport détaillé au Ministre de l'agriculture. Voici en quels termes elle fut accordée dès la première année de la fondation, 20 décembre 1854 :

« L'idée d'un établissement d'études agricoles, placé
« sous l'inspiration de l'éducation religieuse et avec la
« seule impulsion, de même qu'aux frais, risques et
« périls de l'industrie privée, me paraît de nature à être
« mise à l'essai d'une manière pratique. A ce point
« de vue, je suis disposé à concourir à sa réalisation
« par une subvention.

« En conséquence, je promets de vous allouer, pour
« cet objet, sur l'exercice de l'année 1855, un secours
« de 10,000 francs, applicable à la destination dont il
« s'agit. »

Une dernière subvention de 1,000 francs fut encore accordée sous le ministère Gambetta. En l'annonçant au frère Eugène, M. le Ministre prévenait qu'à partir de cette date, l'*Institut de Beauvais n'avait plus besoin d'être encouragé, soutenu ; il marchait très bien de lui-même.*

En l'année 1880, un grand deuil vint frapper l'Institut agricole.

Le respectable M. L. Gossin, dont la science égalait le dévouement, et qui avait consacré les meilleures années de sa vie à l'enseignement agricole, tant dans l'Ecole dont il était un des plus solides soutiens, que dans tout le département de l'Oise, mourut à un âge où il pouvait encore rendre d'éminents services à la cause de la religion et de l'agriculture. C'était une perte énorme pour l'Institut. Le frère Eugène la ressentit mieux que tout autre ; comme lui, M. Gossin était un travailleur opiniâtre et persévérant, et son biographe a pu dire avec vérité : *M. Gossin a été constamment un vaillant catholique et l'apôtre convaincu de l'agriculture française* (1).

Heureusement, Charles Gossin était là. Il n'hésite pas à prendre le riche héritage de dévouement laissé par son respectable père. Et il le fait valoir bravement jusqu'au jour où lui-même est frappé par l'impitoyable mort, dans la fleur de l'âge, à quarante-trois ans.

----

(1) Vie de M. Louis GOSSIN, par M. Paul BLANCHEMAIN.

XIV.

En 1881 cessa aussi l'appui moral donné depuis la fondation par l'Administration départementale qui déléguait, chaque année, une commission pour présider aux examens des Elèves. Les brevets et les diplômes délivrés portaient l'estampille préfectorale.

En présence de cet abandon officiel, que fera le frère Eugène ? Il était incapable d'un découragement; il ne cherchait pas la lutte; mais il aimait à la soutenir quand elle se présentait.

A défaut de la protection de l'Etat, l'habile Directeur en trouvera une autre moins sujette aux variations de la politique et qui, dans tous les cas, lui permettra de reconquérir toute son indépendance.

Des amis puissants et dévoués lui auront bientôt indiqué la voie. La grande Société des Agriculteurs de France est là. Son fondateur, l'illustre Drouyn de Lhuys, avait visité l'Institut avec ses amis et collègues, M. Ed. de Tocqueville et M. Boitel, inspecteur-général d'Agriculture.

L'impression qu'ils en avaient rapportée était plus que favorable. Ils s'empressèrent de la faire partager à un grand nombre de leurs collègues qui, comme eux, vinrent à Beauvais affermir leur conviction. L'éminent marquis de Dampierre, successeur immédiat de M. Drouyn de Lhuys à la présidence de la Société, connaissait, depuis longtemps, l'œuvre de Beauvais et tout le bien qui s'y faisait.

N'avait-il pas, dans son conseil, au secrétariat, depuis la fondation de la Société, celui dont le savant Barral a pu dire un jour : « *Quand un établissement a produit un Blanchemain, il a sa raison d'être sous le beau soleil de France !* »

M. Paul Blanchemain, président de la Société des Anciens Élèves de l'Institut agricole, écrit à M. le marquis de Dampierre pour obtenir qu'on veuille bien confirmer ce qui n'a eu lieu l'année précédente qu'à titre officieux.

Chaleureux interprète des intérêts de la grande œuvre d'enseignement agricole réalisée à Beauvais par l'initiative privée, il porte la question devant le Conseil de la grande Société, il lui demande d'accorder son patronage direct à l'Institut agricole, de déléguer chaque année, dorénavant, une commission officielle pour faire subir l'examen de fin d'études et délivrer des diplômes au nom de la Société des Agriculteurs de France.

Ainsi présentée et appuyée par M. le comte de Luçay et M. le comte de Salis, la proposition est accueillie favorablement.

Dans la séance du 26 juin 1884, la première délégation officielle est nommée; elle se compose de : MM. Bertin, l'un des vice-présidents de la Société ; le comte de Luçay, secrétaire général adjoint ; le comte de Salis, président de la section de génie rural ; E. Guyot, président de la section de production chevaline ; Em. Wallet, lauréat de la prime d'honneur de l'Oise ; le baron de Corberon, président de la Société d'Agriculture de Beauvais.

Cette année, comme les suivantes, les procès-verbaux des délégations affirment que maîtres et élèves sont dignes de la protection de la grande Société des Agriculteurs de France.

Le frère Eugène était justement jaloux de voir sa chère Ecole d'agriculture tenir le rang le plus honorable parmi les meilleures. Il était fier de voir sanctionner les travaux sérieux des maîtres et des élèves par des hommes éminents comme les Bertin, les de Luçay, les Teissonnière, de Salvandy, de Salis, de Montrol, de Corberon, Em. Pluchet, U. Roussel, Em. Wallet, J. Le Conte, P. Vimont, Ch. Aylies, J. Labitte, Ed. d'Héricourt, Arthur de Chézelles, etc., etc.

En maintes circonstances, M. le marquis de Dampierre se montra heureux de manifester sa sympathie la plus dévouée à l'œuvre de Beauvais.

Au Concours régional de 1885, nous le verrons présider la belle fête donnée à l'Institut agricole. A l'occasion de cette solennité, au toast de M. Blanchemain, il répondait avec tout son cœur et son délicat à propos; on nous permettra de citer son discours tout entier; c'est en quelque sorte le titre de noblesse de l'Institut.

« Messieurs,

« J'étais venu à Beauvais pour voir et pour écouter tout ce que vous aviez à me montrer et à me dire d'intéressant. J'ai eu tant à parler cette année pour soutenir, au nom de la Société des Agriculteurs de France, la lutte qu'elle a provoquée pour la défense de nos intérêts économiques et agricoles, qu'il me semblait bon de me taire et de laisser la parole à d'autres. Cependant, en écoutant tout à l'heure les deux charmants et émouvants discours que nous avons entendus, j'ai senti le besoin

de vous dire ce qui se passait au fond de mon cœur. Je
le ferai brièvement.

« C'est une impression fortifiante que j'éprouve et que
vous partagez sans doute, Messieurs, en voyant une
réunion telle que celle-ci, composée partie de jeunes
hommes entrés dans les carrières que l'Institut leur a
préparées, et qui y sont reçus aujourd'hui comme des
fils bien-aimés ; partie de l'élite du pays, des plus
vaillants défenseurs de ses intérêts ; de quelques-uns
de ses représentants élus, de ceux que l'opinion publique désigne comme les plus dignes de l'être bientôt,
— de voir, dis-je, une telle réunion écouter avec respect
la parole chrétienne de l'homme fort et vaillant que Dieu
a placé à la tête de cette maison pour son honneur et
sa prospérité ; écouter avec tant de sympathie celle du
Président des anciens élèves de l'Institut dont l'affection
nous est personnellement si chère.

« Oui, Messieurs, il y a là comme des promesses qui
nous remplissent de joie, et qui sont bien de nature à
nous donner force et courage.

« Certes, ce bel Institut a subi bien des assauts ; mais
l'épreuve fortifie les hommes et les choses, et nous en
avons ici un frappant exemple.

« C'est lorsqu'elle a été abandonnée par tous les secours officiels, dénuée des ressources qui lui paraissaient
nécessaires, que la Société des Agriculteurs de France,
animée d'un amour de la liberté et de l'indépendance,
qu'elle n'a jamais caché à personne, s'est sentie attirée
par l'Institut de Beauvais et qu'elle lui a offert un patronage dont nous nous trouvons si bien les uns et les
autres.

« Et voyez, Messieurs, un des effets de l'épreuve ! Au

moment même où nous acceptions ce patronage, le Conseil d'Etat et la magistrature se voyaient privés de quelques-uns de leurs membres les plus éminents ; ces hommes laborieux, pour ne pas déroger à leurs habitudes, venaient nous apporter leur précieux concours, s'associaient à nos travaux, et ils seront un jour parmi les juges qui signeront les brevets des élèves de cet Institut ; ils leur apporteront le reflet de leur renommée.

« Oui , Messieurs, l'épreuve grandit et fortifie, et je vous demande, en signe des liens qui unissent aujourd'hui la Société des Agriculteurs de France à l'Institut agricole de Beauvais, de n'accepter le toast que vous me portez qu'en y associant celui du Supérieur de l'Institut de Beauvais, le révérend Frère Eugène-Marie, à la santé duquel je bois. »

Pourquoi ne pas rappeler ici, à cette même occasion, l'éloge si vrai du frère Eugène, dans la *Gazette des Champs* du *Figaro* du 10 juin 1885 :

« Mais l'un des lauréats les plus étonnants du con-
« cours est, à coup sûr, le frère Eugène-Marie, si popu-
« laire à Beauvais, où il dirige les superbes établisse-
« ments que les Frères des Ecoles chrétiennes possèdent
« dans la ville et aux environs. Le frère Eugène-Marie
« a obtenu *trente-huit* nominations ! Ce qui a renversé,
« dit-on , les combinaisons ministérielles : on avait en
« poche plusieurs décorations — je ne parle pas du
« Mérite Agricole — il a fallu les rempocher piteuse-
« ment afin de ne pas être contraint, par la force des
« choses, à décorer un Frère pour services rendus à
« l'agriculture.

« Je dois une mention spéciale à l'Institut agricole de Beauvais. Les Frères possédaient depuis longtemps un pensionnat célébre où l'on préparait à toutes les carrières, enseignement primaire, commerce, agriculture. En 1855, un Institut agricole fut annexé au Pensionnat ; il a pour but d'initier les jeunes gens aux notions scientifiques et pratiques nécessaires à la direction d'une ferme ou d'un domaine rural. L'Empire vit d'un très bon œil une pareille entreprise, la patronna et la subventionna. Je ne suis pas bonapartiste, mais je conviens que le Gouvernement d'alors n'était point formé d'imbéciles, au contraire. La subvention était peu de chose, « un simple certificat de vie légale », selon le mot de l'un des fondateurs, le comte de Tocqueville ; le patronage consistait en la présence de délégués officiels aux examens de fin d'année et dans la signature du préfet, qui donnait une sanction officieuse aux diplômes des élèves reconnus capables.

« Subvention et patronage ont été emportés dans la tourmente révolutionnaire de ces dernières années ; l'argent de l'Etat, je veux dire notre argent, est allé aux écoles athées, et le préfet de l'Oise a cessé de signer des diplômes, de crainte de se trouver en bonne compagnie.

« Mais la Société des Agriculteurs de France a recueilli, en partie, un héritage qui lui revenait naturellement comme à la plus illustre des associations agricoles libres ; ses délégués siègent parmi les examinateurs, et le Président de la Société donne aux diplômes la haute sanction de sa signature.

« Au siècle dernier, les philosophes, que les démagogues de nos jours ont l'audace de réclamer pour patrons, avaient horreur de l'instruction chez les ruraux.

Le Chalotais déclare « qu'en instruisant les enfants des classes laborieuses, les Frères des Ecoles chrétiennes mettent en péril l'ordre social. » Et Voltaire, ce grand contempteur du peuple, lui répond : « Vos vues sont « saines ; je voudrais qu'à tous ces hommes de travail « il fût fait défense d'étudier. Quant à ces Frères, « envoyez-en quelques-uns pour les faire travailler « derrière mes charrues, ou mieux encore, pour les « faire tirer eux-mêmes. »

« Voltaire serait bien penaud s'il voyait son vœu accompli d'une manière inattendue : non seulement les Frères sont derrière la charrue et la tiennent de leurs propres mains, mais ils marchent devant, c'est-à-dire à la tête de tous les progrès agricoles. »

XV.

L'Institut agricole marchait toujours d'un pas plus rapide vers le progrès, au lieu de vingt, trente, quarante élèves que comptait l'Ecole, ce nombre s'élève à soixante-dix et même à quatre-vingt-dix en 1894.

Le respectable frère Eugène, au milieu des soucis, des peines, des tracas de son importante administration, était bien consolé de voir le bien se faire autour de lui et se propager au loin par les Sociétés des anciens élèves.

Celle de l'Institut fut fondée en 1867 ; elle compte aujourd'hui plus de trois cents membres actifs appartenant à toutes les régions de la France et de l'étranger. M. Louis Gossin la présida d'abord. Là, il continua à être l'ami, le père de ses élèves et, à sa mort, les voix des sociétaires se portèrent sur le secrétaire, le camarade le plus digne, M. Paul Blanchemain. Et dans le dernier vote (mars 1894), il a été réélu président à l'unanimité.

Que dire des réunions annuelles ? Elles ont lieu à Paris. L'occasion du Concours général et de la session de la Société des Agriculteurs de France rassemble plus facilement les grands agriculteurs. Se grouper à Beauvais serait bien difficile. C'est là une famille dont les membres épars se retrouvent en un jour de fête. Le bon frère Eugène rayonne de joie au milieu de tous ses chers anciens qui l'entourent de leurs plus affectueux respects.

Comme les accents de sa voix sont vibrants, pleins de cœur, quand à la fin de ces réunions amicales il adresse la parole à ses anciens élèves, dont la plupart sont des agriculteurs éminents et de solides chrétiens! Nous voudrions pouvoir citer tous ces discours ; mais la limite de cette notice ne nous le permet pas.

A l'exemple des élèves de l'Institut, ceux du Pensionnat voulurent aussi avoir leur société amicale. Le cher frère Albert, ancien élève de Beauvais et des plus distingués, devenu ensuite professeur émérite, chef de division, Sous-Directeur et Pro-Directeur, le bras droit durant de longues années de son ancien maître le frère Eugène, organisa cette chère société. Dans une réunion préparatoire, M. Achille Sirouy, peintre de talent, artiste lithographe de premier ordre, fut proclamé président.

C'est au Pensionnat même qu'ont lieu les réunions annuelles.

Le président d'honneur, le frère Eugène, est heureux de revoir et de fêter des anciens de toutes les époques qui s'empressent de répondre à l'invitation du Bureau. Après la messe dite aux intentions des sociétaires vivants et morts, on discute en famille les intérêts de l'association. Les élèves actuels ne sont point oubliés ; un prix d'honneur est voté pour le plus méritant. Puis la salle du banquet réunit maîtres et anciens et là, dans des agapes joyeuses, mais toutes fraternelles, on porte des santés, on forme des vœux pour le bien de chacun et la prospérité du Pensionnat. Le vénéré Directeur sait trouver, dans sa vieille expérience, de ces conseils toujours accueillis avec respect et reconnaissance.

Que ne pouvons nous transcrire ici ces luttes de l'éloquence du cœur et de l'amitié !

XVI

Avant d'aller recevoir la récompense que Dieu accorde si généreusement à ses bons et fidèles serviteurs, le frère Eugène devait être l'objet d'une imposante manifestation de la reconnaissance de ses élèves et de la vive sympathie de ses nombreux et sincères amis.

Sa *cinquantième année* de séjour à Beauvais avait sonné.

Pouvait-on faire moins que de célébrer solennellement *ses noces d'or !*

Cette heureuse pensée, ce désir ardent des intimes du frère Eugène, de fêter solennellement cette cinquantaine, devaient trouver écho, non seulement dans tout Beauvais, mais dans le département de l'Oise et même au-delà.

Un comité se forme. Ce sont : MM. de Salis et Gossin qui en prennent l'initiative. Quelques jours après il est composé de : MM. baron de Corberon, président de la Société d'Agriculture de Beauvais ; Léon Martin, ancien député, président de la Société d'Agriculture de Senlis ; Émile Wallet, lauréat de prime d'honneur et président de la Société d'Agriculture de Compiègne, Jules Labitte, président de celle de Clermont.

MM. vicomte de Chézelles, président du Syndicat agricole de Beauvais ; comte de Luçay, vice-président de la Société des Agriculteurs de France ; marquis de Beauvoir ; comtes de Malherbe, d'Héricourt, de Carrère, de Salis : colonel Perrodon. MM. Paille, Viglas, Henri

Vuatrin, Jos. Ricard, Mercier, directeur de la sucrerie de Bresles.

MM. Blanchemain, Dubos, Delaville, Gossin, Leluy, Caubet, les Professeurs et les Membres du bureau de la Société des anciens Elèves de l'Institut.

MM. Sirouy, Deleforterie, Butteux, Cocuelle, Contant, membres du bureau de la Société des anciens Elèves du Pensionnat.

Dès la veille et le matin du 26 mai, jour fixé pour la fête, arrivent à Beauvais plus de 500 amis, empressés d'exprimer leur sympathie et leur reconnaissance à l'éminent Directeur. Ce sont les délégués de la grande Société des Agriculteurs de France, et à leur tête le président, MM. le marquis de Dampierre, Gaillard, comte de l'Aigle, Martin, député de l'Oise; les généraux Saget, Villette, Robert.

Les présidents des Sociétés d'Agriculture de l'Oise, le duc de Mouchy, le marquis de Beauvoir, le comte de Malherbe, Sébastiani, de Chézelles, d'Elbée, des Courtils, de Merlemont, d'Hardivillers, de Poly, de Canecaude, de Mython, de Chatenay, Jules Labitte, Albert Desjardins, Blanchemain, de Rainvillers, de Bauchesne, Morel d'Arleux, etc. Les docteurs Colson, Levaillant; une foule d'agriculteurs qu'il serait trop long de nommer ; les grands constructeurs de machines agricoles ; les rédacteurs de la presse agricole, surtout les anciens Elèves de l'Institut agricole et du Pensionnat.

A l'Etablissement, les témoignages de la joie et les ovations commencent dès les premières heures du matin.

Dieu aura sa grande part dans les manifestations de l'amitié et de la reconnaissance en ce beau jour. N'est-ce pas un de ses meilleurs serviteurs que l'on va fêter !

Vers les dix heures et demie, la foule des invités se rend dans la splendide chapelle de l'Etablissement. Une messe d'actions de grâces est dite par un des vicaires-généraux du diocèse. Les chants les plus suaves s'élèvent avec l'encens et les ferventes prières de l'assistance en faveur du héros de la fête placé dans un fauteuil d'honneur à l'entrée du chœur.

Puis, le rendez-vous a lieu au parc de Beauséjour, nouvelle acquisition de l'Institut agricole. Disons que le temps s'était bien prêté aux circonstances ; la veille, une véritable trombe d'eau était venue s'abattre sur Beauvais et faisait craindre pour le lendemain. Mais le 26, après ce précieux arrosage, les rayons ardents du soleil, tempérés par de légers nuages, ont éclairé une de ces journées délicieuses du printemps.

Sur une vaste pelouse s'élevait une immense tente, merveille d'élégance, dont trois côtés étaient artistement tapissés, tandis que le quatrième donnait une très agréable vue sur le parc et le château. Là étaient dressées, avec un art exquis et un luxe du meilleur goût, les tables où devaient prendre place plus de huit cents invités.

Le menu ne laissait rien à désirer. Le côté artistique avait aussi été ménagé. Un orchestre de plus de soixante exécutants fait entendre pendant le repas les morceaux les mieux choisis. Aux mets les plus succulents succèdent les meilleurs morceaux de musique, et les discours se mêlent aux entremets, et dans tout cela la note chrétienne et religieuse domine.

« Je bois à la santé du Chef de l'Etat ! » s'écrie M. le baron de Corberon, ancien député de l'Oise. Ces paroles sont accueillies par de nombreux applaudissements.

Le signal étant donné, c'est un jeune élève du Pensionnat qui, dans un langage délicat, retrace la vie toute d'abnégation du frère Eugène, ce soldat de la vie agricole militante, qui semblait avoir pris pour devise :

> Mieux vaut défricher un sillon
> Que de briller dans un salon.

C'est le tour de M. de Girardier, élève de l'Institut agricole. L'Institut est l'œuvre de prédilection du frère Eugène. Au nom de ses camarades, l'orateur proclame les sentiments de filiale reconnaissance que font naître les marques si nombreuses et si évidentes de dévouement que leur donne tous les jours leur bien-aimé Directeur.

Ah ! ceux-là promettent solennellement qu'ils porteront haut et ferme le double drapeau de la Religion et de l'Agriculture. Les exemples d'héroïsme qu'ils ont sans cesse sous leurs yeux doivent donner de bons fruits.

La parole est à M. le marquis de Dampierre, l'éminent président de la Société des Agriculteurs de France ; donnons quelques passages de son éloquent discours :

Je viens, non vous faire un discours, mais accomplir une douce mission, celle de porter au vénéré Directeur de cette Maison, au nom de la Société des Agriculteurs de France, un témoignage de son estime, de son respect et de son admiration. Elle lui a décerné, en reconnaissance de cinquante ans de dévouement à la cause agricole, la plus haute des récompenses dont elle dispose. Laissez-moi ajouter, Messieurs, que je ressens une grande joie de pouvoir, pour mon compte, honorer dans un des membres les plus aimés, l'admirable Institut des Frères, qui joue un rôle si important dans les destinées de la France.

Aussi, Messieurs, quiconque porte un cœur de chrétien et de patriote, doit-il à ces religieux le respect et l'affection dont nous sommes heureux de pouvoir ici leur donner l'assurance.

Honneur donc à l'Institut des Frères des Ecoles chrétiennes !

Honneur à Celui de ses membres qui, depuis *cinquante ans*, donne à Beauvais l'exemple de tous les dévoûments !..., »

M. le marquis de Dampierre remet alors au vénérable frère Eugène le grand objet d'art et lui donne l'accolade amicale. Aussitôt des acclamations enthousiastes éclatent dans toute l'assemblée. Elles redoublent encore quand un rideau de velours, s'ouvrant tout à coup, laisse voir derrière le frère Eugène son portrait en pied, peint par un éminent artiste, M. Sirouy, ancien élève du Pensionnat, et offert par les amis du héros de la fête.

M. le baron de Corberon se lève de nouveau et veut offrir son tribut d'éloges à son vieil ami en proclamant les succès obtenus dans les concours et en énumérant quelques noms d'anciens élèves qui font le plus d'honneur au frère Eugène.

M. C. Leluy, ancien élève de l'Institut et professeur de technologie agricole, au nom du doyen des professeurs, M. Dubos, qu'une indisposition retient chez lui, vient dire combien le corps enseignant est fier d'avoir à sa tête un homme aussi éminent que le frère Eugène, et joint ses vœux de bonheur et de prospérité à ceux déjà offerts.

Puis, avec cette éloquence du cœur que tout le monde lui connaît, M. Paul Blanchemain, le bien-aimé président de la Société des anciens Elèves de l'Institut, pendant dix minutes tient l'assemblée suspendue à ses lèvres par la déclamation d'un des plus charmants morceaux de poésie qui puisse être composé pour glorifier un homme de bien. Nous voudrions pouvoir le citer

tout entier, mais la limite de cette notice nous l'interdit ;
nous n'en reproduisons ici que les derniers vers :

> Voilà pourquoi j'acclame un vaillant des vaillants,
> Vétéran, d'un labeur de plus de cinquante ans ;
> Ce service ignoré des lois obligatoires…
> France, bénis son nom, c'est une de tes gloires ;
> Il n'aspire qu'au droit de mieux t'instruire au bien.
> — Que t'a-t-il donné ?
> — Tout !
> — Que veut-il pour lui ?
> — Rien !

Le Président des anciens Élèves du Pensionnat, M. Sirouy, clôt la liste des toasts, et au nom de tous ses camarades, il veut aussi dire au frère Eugène sa reconnaissance et son amour.

Enfin, le frère Eugène, plein d'une charmante cordialité pour tous et qui, pendant ce banquet-concert, allait de l'un à l'autre, recevant partout les hommages et les acclamations avec une touchante simplicité, se lève à son tour et répond avec la modestie, mais en même temps avec l'éloquence d'un grand cœur, à tous ces charmants discours. Il n'oublie personne ; l'accent de sa voix dénote une émotion profonde que tout le monde comprend d'ailleurs, en présence d'une telle manifestation. Dans ce discours plein d'élévation, de chaleur et de patriotisme, le frère Eugène remercie tous ceux qui ont pris part à ses noces d'or. (On peut le lire dans la brochure citée précédemment.)

Cette fête de l'amitié et de l'agriculture s'est terminée au milieu des fanfares et des feux d'artifices, au milieu d'un enthousiasme indescriptible et dans une parfaite harmonie de sentiments. Avec le frère Eugène, c'est la Religion que la conscience publique a voulu honorer en ce grand jour, qui laissera d'impérissables souvenirs.

XVII.

Au lendemain de cette fête si touchante des *Noces d'or*, le frère Eugène reprend sa rude tâche avec un entrain nouveau.

Un véritable rajeunissement faisait espérer à ses amis qu'on célébrerait un jour ses *Noces de Diamants*.

Mais un surmenage continuel dans l'administration et les travaux accablants de sa charge avaient épuisé cette forte et riche nature. Il sentait lui-même que ses forces disparaissaient petit à petit. Par nécessité, il essayait parfois de se faire illusion ; mais il était vite rappelé à la réalité par des indispositions fréquentes.

Des vides profonds se faisaient autour de lui.

Des amis de longue date, de précieux auxiliaires disparaissaient tour à tour.

C'était le cher frère Arsénius qui, depuis plus de trente ans, à côté du frère Eugène, son ami, son confident, son conseiller, lui aida puissamment à organiser l'Institut agricole, et à diriger l'ardente jeunesse qui le peuple.

Cette mort, arrivée le 20 février 1891, affecta beaucoup le bon frère Eugène.

Un mois après, le pieux abbé, Mgr Armand Claverie, pendant vingt-sept ans aumônier de l'Établissement et fondateur de l'Archiconfrérie de Saint-Joseph, rendait aussi sa belle âme à son Créateur, après avoir donné l'exemple des plus éminentes vertus.

Au commencement de juin 1893, une forte atteinte d'influenza avait donné de sérieuses inquiétudes à ceux qui entouraient le frère Eugène.

Un autre bien triste événement venait encore le frapper au cœur. M. le comte de Salis, professeur de génie rural et ami très dévoué de l'Institut, après trois ou quatre jours d'absence, venait expirer presque subitement au milieu des siens. Le cher malade ne put même pas assister aux funérailles de celui pour lequel il avait toujours professé une très grande estime.

Cependant un mieux sensible se produisit tout à coup, et sans convalescence, le frère Eugène reprit ses habitudes de travail, ne voulant être suppléé en rien : « *J'ai passé un nouveau bail avec la vie* », disait-il en souriant de bon cœur.

En effet, l'année scolaire se terminait sous les plus heureux augures. Les examens venaient de se passer brillamment. Comme toujours, le frère Directeur y avait pris une part très active, et qui avait dû le fatiguer beaucoup. Mais ses chers élèves avaient réussi ; il était content.

La distribution des prix s'annonçait brillante et joyeuse. Tout était admirablement préparé pour lui donner plus de solennité que jamais. Les jours précédents, déjà le frère Eugène s'en était préoccupé lui-même. Dès le matin du 30 juillet, il paraissait un peu agité. Il avait donné un soin particulier à la réunion amicale qui suit ordinairement la distribution des prix. Les invités et les élèves allaient occuper leurs places respectives. Il entre dans son cabinet de travail prendre la dernière disposition et se préparer à recevoir Sa

Grandeur Mgr Fuzet, qui arrive pour présider la cérémonie.

Le frère Pro-Directeur va dans sa chambre pour lui faire une communication. Quel n'est pas son effroi de le trouver debout, devant son bureau, luttant contre la mort !... Il a à peine le temps de le conduire sur un fauteuil à deux pas de là ; le frère Eugène rendait le dernier soupir.... Le médecin, appelé en toute hâte, ne put que constater la mort.

L'assistance ignore encore la terrifiante nouvelle. La distribution a lieu ; on supprime les chants joyeux... mais on remarque l'absence du cher Directeur que l'on dit malade. Bientôt la fatale nouvelle circule dans les rangs. Alors ce sont des explosions de larmes et de regrets.

Donnons la relation qui en a été faite dans les feuilles publiques de Beauvais.

Le *Journal* et le *Moniteur de l'Oise*, l'*Indépendant* et une foule d'autres revues, ont fait le plus grand éloge du cher défunt. Citons ceux qui nous paraissent le mieux caractériser le savant religieux que nous pleurons :

Le frère Eugène est mort ! — Telle est la nouvelle qui a couru hier comme une traînée de poudre à travers la foule des parents, des élèves et de tous les assistants à la fin de la distribution des prix de l'Institut agricole et du Pensionnat. Et la douloureuse consternation peinte sur tous ces visages qui n'exprimaient tout à l'heure qu'une joyeuse satisfaction, témoignait assez du malheur qui, frappant cette grande Maison, va atteindre notre région tout entière.

On ne verra donc plus dans les salles et les cours de l'Institut cet homme, ce religieux petit de taille et grand par la simplicité même de son abord, venir à vous, la main franchement tendue, la physionomie originale, au sourire fin, aux yeux brillants d'esprit, et par-dessus tout, respirant la bonté à l'égal de l'intelligence.

On ne pourra donc plus, en quelque circonstance publique ou

privée que ce soit, venir demander au frère Eugène un de ces conseils qu'il donnait si libéralement et qu'on savait fondés sur une expérience de plus de cinquante ans de ministère, un profond savoir, une participation à tous les événements sociaux et politiques de notre pays.

D'autres, et de plus autorisés que nous, diront tout ce que perd en lui la cause de notre Agriculture nationale. Certes, il lui reste de nombreux et illustres défenseurs ; elle n'en aura pas de plus vaillant ni de plus dévoué.

Il nous appartient encore moins d'exalter les vertus du religieux.

Mais ce qu'il nous a été permis, comme à tous, de connaître, c'est que nul n'aura laissé après lui en ce monde la trace effective de plus de bienfaits que le mort d'hier. Et si la foule sera grande derrière le cercueil du frère Eugène, sur lui planera le souvenir d'actes plus innombrables encore et dignes de le porter aux pieds de Celui qu'il a servi toute sa vie.

A. R.

(Journal de l'Oise.)

Depuis 1864, le frère Eugène était le chef de cette maison importante. Plein d'une charmante cordialité pour tous, le Directeur de l'Institut agricole ne comptait que des amis.

On peut dire que celui que l'on pleure aujourd'hui était un acharné travailleur.

Né pour l'étude des sciences qui lui étaient presque toutes familières, il s'était adonné à l'agriculture avec l'ardeur raisonnée d'un savant, doublé de toute la prudence du praticien consommé.

Les travaux du frère Eugène sont considérables : on aimera à relire souvent ses écrits si instructifs.

Que d'articles intéressants dus à la plume du frère Eugène ont paru dans le *Moniteur de l'Oise !*

Hier encore, nous publiions de lui un savant article de Gallinoculture sur l'œuf : samedi, dans la journée, il corrigeait les épreuves qui devaient terminer son travail sur ce sujet intéressant.

Le frère Eugène se multipliait : il n'était pas un concours agricole où il ne fût présent : c'était un connaisseur. Sa robuste constitution lui a permis longtemps de supporter un travail colossal ; mais hélas ! la fatigue est survenue : il n'a pas assez suivi les conseils de ses amis, qui lui demandaient de se reposer. Il y a quelques mois, le très cher frère Eugène fut obligé de garder le lit. A peine remis, il reprit de suite son ancienne existence ; mais, hélas ! il avait trop présumé de ses forces.

Le frère Eugène laissera une trace lumineuse, non-seulement dans l'établissement qu'il dirigeait, mais encore dans le monde agricole tout entier.

Le 26 mai 1890 a été, on s'en souvient, une belle et émouvante manifestation.

De tous les points de la France et surtout de la région si agricole du Nord, étaient accourus les plus hautes notabilités et un grand nombre d'agriculteurs pour célébrer les Noces d'or du très vénérable cher frère Eugène-Marie.

Aujourd'hui, tout est terminé. Il reste le souvenir d'un homme qui a rendu à la Religion et à la France les plus grands services.

La mort du très cher frère Eugène causera une véritable consternation dans le monde de l'agriculture ; dans l'Oise surtout, les cultivateurs ne pourront retenir une larme en songeant à cet ami si dévoué, si bon.

La mort du très cher frère Eugène est connue actuellement en France par suite de la communication faite hier soir, à la presse, par l'*Agence Havas*.

Il n'est donc pas surprenant, dans ces conditions, que de nombreux télégrammes de condoléances soient déjà parvenus au frère Gaubert, pro-Directeur, ou au frère Antonis, chef de la division de l'Institut Agricole. Il nous a été permis déjà de lire les plus grands noms de France.

Nous citerons en première ligne le télégramme suivant de M. le marquis de Dampierre, retenu loin de notre région en ce moment :

« Saint-Denis de Saintonge.

« J'apprends avec douleur la perte cruelle que vous faites. Je « charge M. le comte de Luçay d'exprimer aux obsèques les plus « profonds regrets des Agriculteurs de France et mon affection « personnelle. »

On n'attendait pas moins du distingué président de la Société des Agriculteurs de France.

« Saint-Christan.

« Nous pleurons avec vous le saint frère que Dieu a rappelé à lui ; nous l'aimions et le vénérions du plus profond de notre cœur. Bénie est sa mémoire. Nous sommes désolés d'être à l'autre extrémité de la France et de ne pouvoir assister à ses obsèques ».

Marquis de B.
(Moniteur de l'Oise.)

Le *Bulletin religieux*, après avoir cité le *Moniteur de l'Oise*, ajoute :

Ce que notre confrère n'a pas dit, et ce qu'il importe de mettre en lumière, c'est que le frère Eugène n'a pas été seulement un homme supérieur, un savant distingué, un éducateur habile, mais surtout un excellent religieux et le modèle des professeurs éminents qui partageaient son apostolat. Lorsque le Bienheureux de la Salle créait à travers le monde une armée d'instituteurs d'élite, il voulut mettre leur dévouement sous la sauvegarde d'un lien sacré ; avant d'en faire des maîtres, il en fit des religieux. C'est la gloire du frère Eugène d'avoir gardé fidèlement l'esprit de son fondateur. Le mobile de sa vie, son principe d'action, c'étaient sa foi, sa confiance en Dieu, et son désir de procurer la gloire de ce grand Maître. Il aurait pu prendre pour lui-même cette devise qui fut celle de son prédécesseur. « Rien pour moi, tout pour les autres, tout pour la jeunesse, tout pour la religion, tout pour Dieu. » Nous autres, disait-il, il y a quelques jours à peine à un de ses amis en lui ouvrant son cœur, pour faire du bien, il faut que nous soyons avant tout des religieux, c'est-à-dire des hommes de foi, de prière et d'immolation. » Religieux, le frère Eugène l'a été dans toute la force du terme, par l'austérité de sa vie, par l'ardeur de sa piété, par le noble et fortifiant exemple de ses vertus. Son âme délicate et fière planait au-dessus des visées de l'ambition humaine, et n'aspirait qu'aux récompenses éternelles.

A la lumière de cette tombe qui vient de s'ouvrir si inopinément, comme on comprend que le frère Eugène a eu raison ! Que lui reste-t-il, à cette heure de cette renommée si légitime et si universelle dont il était environné ; des succès éclatants obtenus dans tant de concours ? que lui reste-t-il ? un cercueil : *Et solum mihi super est sepulchrum.*

Certes, avec sa puissante intelligence, il aurait pu, en suivant les sentiers battus du monde, se frayer un chemin vers les honneurs. Il ne l'a pas voulu, préférant n'être toute sa vie qu'un humble frère des Ecoles chrétiennes. Et voici qu'à son insu dans ce rude sentier du renoncement à soi-même où il s'était jeté d'un si grand cœur, la gloire humaine est venue s'offrir à lui ; gloire pure et brillante qui ne lui demanda jamais un abaissement, au contraire. Il y a trois ans, au jour de ses noces d'or, il la vit s'asseoir à son chevet comme une sœur de ses vertus tutélaires, la pauvreté, l'obéissance et la chasteté.

Aujourd'hui, cette gloire elle-même a disparu, mais il reste au frère Eugène quelque chose qui vaut mieux encore, ce sont ses œuvres : *Opera enim eorum sequuntur illos*. Tout ce qu'il a fait pour ses frères et pour Dieu, son dévouement, ses vertus, ses sacrifices, cinquante années d'incessants labeurs et d'infatigable apostolat, et ces œuvres là, immortelles comme le Dieu qui les inspire, sont dignes des récompenses de l'autre vie.

XVIII.

Les témoignages de douloureuse surprise et des
regrets universels causés par la mort du frère Eugène.
ont afflué à l'Institut agricole. Nous ne pouvons donner
que des extraits :

Sellières, 1er août 1893.

Très honoré Frère,

J'ai été très péniblement attristé et surpris d'apprendre le
décès du très cher frère Eugène, que j'avais vu en pleine santé
le 16 juillet, la veille de mon départ de Beauvais.

Ses hautes vertus, ses éminentes qualités d'esprit, de cœur,
m'avaient inspiré, comme à tous ceux qui le connaissaient, une
vive et profonde sympathie.

C'est une grande perte pour l'Institut et, on peut le dire, pour
le pays.

Je regrette bien sincèrement de ne pouvoir me joindre demain
à tous ceux qui lui rendront les derniers devoirs; mais je m'as-
socierai à eux par la pensée.

Général S.

Aumont, le 1er août.

Mon très cher Frère,

Mon journal m'annonce la mort soudaine de votre vénérable
Directeur.

C'est pour vous, ses fils, et pour nous tous, une perte irréparable.

Cœur d'or, intelligence hors ligne, activité sans bornes,
bonté inépuisable, tout, en un mot, se réunissait pour le faire
adorer de beaucoup et craindre de quelques-uns, car sa franchise, quelquefois rude, ne connaissait pas d'obstacles.

Si tous ceux qu'il a obligés, et leur nombre est légion, s'unissent, comme je le fais, en une suprême supplication au bon
Dieu qu'il a tant aimé, il ne restera pas longtemps à attendre la
juste récompense de ses vertus.

Mon regret de ne pas me joindre au long cortège de ses obsè-

ques est bien grand ; je ne puis quitter, en ce momeut, ma
demeure. De loin, ma pensée suivra la dépouille de celui qui
voulait bien m'honorer d'un peu d'amitié, et croyez, mon cher
Frère, à mon profond respect pour vous et vos frères et à la
grande part que ma famille et moi prenons à votre douleur.

d'A.

Brunoy, 31 juillet 1893.

Mon cher Révérend Frère,

Vous voilà tous dans une bien grosse peine, d'autant plus
vive que ce n'est pas seulement le chef vénéré qui disparaît,
mais surtout l'ami sûr et dévoué, le frère aîné, admirable pour
la parole et pour l'action.

Croyez que nous sympathisons avec vous et qu'avec vous nous
demandons la paix et la joie pour ce vaillant, qui a rudement
travaillé ici-bas.

Si nous — le prochain — nous avons été satisfaits, qui
pourra douter que le bon Maître, autrement charitable que nous,
ne le soit pas ?

En haut donc les cœurs ! et regardons cette âme forte,
maintenant dans les joies inénarrables et pour toujours ! Vive
Dieu, si bon et si miséricordieux !

A. L. C.

Roye, 31 juillet 1893.

Très cher Frère,

Quel douloureux étonnement, en ouvrant mon journal, d'y
voir l'annonce du coup terrible qui vous frappe, et qui va re-
tentir d'une façon cruelle sur tout le département, — sur tout
le monde agricole ! !

Pour moi qui le quittais à peine, emportant de son cordial
accueil, de sa verdeur, de son énergie et de la vivacité juvénile
de sa belle intelligence, un souvenir qui m'est cher, et qui ne
s'effacera jamais, je reste confondu devant la catastrophe, et
j'ai peine à m'incliner sans murmurer devant l'arrêt de la Providence.

C'est auprès de Dieu pourtant que le cher frère Eugène
trouve la récompense d'une vie que nous pouvons prendre
pour modèle.

Croyez bien que j'unis mes prières aux vôtres pour notre vénéré chef et ami, et recevez, etc.

E. P.

Paris, 1er août 1893.

Mon très cher Frère,

J'ai été profondément affligé de la fatale nouvelle de la mort du très cher frère Eugène, et je voudrais, pour tout au monde, me rendre demain à Beauvais.

Malheureusement, je pars cette semaine même pour l'Amérique; et, après avoir compulsé l'indicateur, je me vois hors d'état de faire la dépense de temps que ce voyage exigerait.

Veuillez, je vous prie, dire à tous nos amis de l'Oise et de la Société des Agriculteurs combien je suis peiné de ne pouvoir rendre les derniers devoirs à l'un de ceux qui ont le mieux mérité de l'Agriculture française.

Croyez, etc. H. de V.

Versailles.

Mon bien cher Frère,

En me rendant aux obsèques de votre tant regretté Directeur, j'obéis aux inspirations de mon cœur et au désir de tous les miens. Nous avions pour le cher frère Eugène autant d'affection que d'estime. Ces sentiments, nous les éprouvons pour ses chers collaborateurs.

Général V.

Paris, 1er août 1893.

Mon très cher Frère,

Il m'est, malheureusement, impossible de me rendre à l'invitation qui m'arrive pour la triste cérémonie qui vous rassemblera demain autour du cercueil du vénérable frère Eugène. Veuillez m'excuser, et croire que mes prières les plus ferventes s'unissent aux vôtres ; mais, c'est plutôt lui, j'en ai la confiance, qui doit prier pour nous et se faire écouter de la miséricorde divine, au séjour bienheureux où sa longue vie d'abnégation et de vertu a déjà dû le faire admettre.

J'ai eu un bien vif regret, dimanche, de quitter votre chère Maison sans pouvoir prier auprès du lit de mort, et contempler encore une fois les traits de celui qui nous avait témoigné toujours, et si récemment encore, tant de bonté.

Cte de S.

Trouville, 10 août.

Cher Frère,

A mon arrivée d'Angleterre, on me remet la lettre qui m'annonce la triste nouvelle de la mort de votre cher Directeur.

Ainsi, voilà donc le très cher frère Eugène en possession de la récompense de sa longue vie de dévouement ! Les générations d'agriculteurs chrétiens qu'il a formées vont le pleurer, d'un bout de la France à l'autre, mais lui va continuer à veiller sur elles, à les maintenir dans la bonne voie.

H. J.

Paramé-les-Bains, 1er août.

Mon bien cher Frère,

Je reçois aujourd'hui la triste nouvelle de la mort du cher frère Eugène. Vous me connaissez suffisamment pour savoir quels sont les sentiments que m'inspire cet événement douloureux. C'est avec un vif regret que je vois disparaître ce vaillant et modeste religieux, qui comptait au nombre de mes amis les plus sûrs et les plus sincères. Il est certes bien heureux aujourd'hui ; il recueille le prix de sa vie de sacrifice. Mais que de larmes vont être répandues ici-bas.

S. C.

Waly, 4 août.

Mon cher Frère,

Je tiens à vous exprimer la part très vive que je prends à la mort du vénérable frère Eugène. L'Institut et le monde agricole, qui connaissaient sa science des choses de l'agriculture et son dévouement absolu, font une perte difficilement réparable. Pour moi, c'est l'ancien maître, c'est l'ami sûr et dévoué qui disparaît, et c'est de tout cœur que je vous exprime mon chagrin.

Si cela m'était possible, j'irais le 7 août à Beauvais, pour rendre un suprême hommage à cet homme de bien. Si je ne suis pas près de vous, je joindrai mes prières aux vôtres pour que Dieu reçoive son serviteur, si bon, si fidèle, si serviable, dans sa miséricorde.

Baron de B.

XIX.

LÉS OBSÈQUES.

Empruntons au *Moniteur de l'Oise* le récit de cette touchante et sympathique manifestation religieuse.

« Les obsèques du très cher frère Eugène-Marie ont eu lieu aujourd'hui, 3 août, à l'église Saint-Etienne.

« Le corps a quitté l'Etablissement de la rue de Nully-d'Hécourt vers onze heures moins vingt.

« Les cordons du poêle étaient tenus par M. le comte de Luçay, vice président de la Société des Agriculteurs de France ; M. le baron de Corberon, conseiller général, président de la Société d'Agriculture de Beauvais ; M. Georges Gaillard, président du Tribuual civil ; M. Dubos, professeur de l'Institut ; MM. Sirouy et Blanchemain, anciens élèves de la maison.

« Derrière le char et sur des brancards étaient portées de nombreuses et magnifiques couronnes, parmi lesquelles nous citerons notamment celles, en fleurs naturelles, des anciens élèves de l'Institut, avec banderolle blanche sur laquelle on lisait : *Les anciens Elèves de l'Institut* ; une seconde, en violettes naturelles avec banderolle violette en sautoir, sur laquelle nous lisons l'inscription en lettres d'or : *A notre éminent et très regretté Directeur, les Elèves de l'Institut.*

« Puis nous remarquons la couronne, en perles noires et blanches, offerte par les anciens élèves du Pensionnat ; celle des élèves du Pensionnat, avec l'inscription : *A notre regretté Directeur, les Elèves du Pensionnat;* une couronne envoyée par les professeurs de l'Institut agricole ; une autre par les professeurs de l'Etablissement, et parmi bien d'autres encore, celle portée par des délégués de la Société de gymnastique *l'Avant Garde de Beauvais,* avec cette mention : « Reconnaissance ».

« Une couronne d'épines, très remarquable, avait été envoyée par M. le marquis et M\ue la marquise de Beauvoir ; de la part de M. de Carrère, une croix en jais ; les sœurs de Saint-Joseph de Cluny avaient également fait déposer une croix avec fleurs en porcelaine, violettes et blanches.

« Une quantité considérable de bouquets et de croix de toutes sortes ont été également envoyées à l'Etablissement de la rue de Nully-d'Hécourt.

« La salle des collections avait été, comme nous l'avons dit dans un précédent numéro, transformée en chapelle ardente.

« Les murs disparaissaient entièrement sous les tentures noires frangées d'argent.

« Le plafond, décoré avec la sobriété que comportent les cérémonies funèbres, comme celle de ce jour, disparaissait également sous un immense voile noir, semé d'étoiles d'argent.

« L'entrée de l'Etablissement, revêtue des insignes de deuil, ne disait que trop que de cette maison, dont il fût l'âme pendant de si nombreuses années, allait disparaître une de ces grandes figures qui font époque dans la vie et l'Agriculture gardera le profond et le plus ineffaçable souvenir.

« Le deuil était conduit par MM. H. Chanoine, neveu

du frère Eugène, et par le T. C. F. Exupérien, premier assistant, de la Congrégation des Frères ; Cyrus, assistant du T. H. F. Joseph, supérieur général, Bertullien, visiteur de la province de Rouen.

« Une foule innombrable accompagnait à l'église Saint-Etienne, et de là au cimetière, le corps de ce dévoué qui, pendant plus d'un demi-siècle, a prêché la rénovation de notre Agriculture nationale, prêchant d'exemple, toujours à l'affût des innovations dont il savait tirer le plus grand parti, mettant au service de ses nombreux élèves l'expérience acquise après de longues études et de longues veilles.

« Le cortège, auquel il est difficile de fixer le nombre, a suivi la rue de Nully-d'Hécourt, la rue de la Manufacture-Nationale, la rue de l'Ecu, passant devant l'Hôtel-de-Ville, pour reprendre la rue Saint-Jean, et de là arriver en face du portail principal de l'église Saint-Etienne.

« Nous ne saurions citer les noms de toutes les notabilités, de tous les cultivateurs, de tous les amis venus pour rendre hommage à la mémoire de cette grande figure qui vient de quitter la terre, laissant derrière elle cet impérissable et lumineux souvenir du devoir accompli, des bienfaits répandus sans compter, et des services rendus à la noble cause de l'Enseignement et de l'Agriculture.

« Nous citerons néanmoins quelques noms :

MM. Gérard, maire de Beauvais ; de Novalès, secrétaire général, représentant le Préfet, absent ; le duc de Mouchy ; vicomte de Merlemont ; Martin, président de la Société d'Agriculture de Senlis ; le général Villette ; les officiers du 51° ; marquis de Corberon ; les fonc-

tionnaires ; Prévost et H. Moisand, conseillers généraux ; Alexandre, professeur d'agriculture ; Alavoine ;
Huchez-Varangot, président du tribunal de commerce ;
les avocats, les avoués, les notaires, Armand Doumerc,
avocat à la Cour d'appel ; des cultivateurs comme
MM. Cressonnier, Devimeux, Duval, Viel, Chartier-
Duraincy, Budin, etc., etc. ; vicomte d'Hardivillers,
vicomte Sébastiani ; Rocoffort, directeur du *Journal
de l'Oise* ; Hubert, rédacteur en chef de *l'Indépendant* ;
Saudax, rédacteur en chef du journal l'*Impartial de
Méru*, etc. ; les officiers de gendarmerie et quantité
d'ecclésiastiques, et enfin les élèves de l'Institut et du
Pensionnat et les élèves de l'école de la Madeleine.

« Arrêtons-nous, il faudrait citer tout le département.

« Beaucoup de dames, en tête desquelles marchaient
Mme Chanoine, belle-sœur du très cher frère Eugène
accompagnée de Mme Ch. Gossin.

XX.

A L'ÉGLISE.

Le portail de l'église Saint-Etienne disparaît sous les voiles de deuil. Le chœur est garni de larges tentures noires, sans aucun insigne ; le fond, derrière l'autel, est également caché par un large *vélum* noir que traverse une immense croix blanche.

Le catafalque, de première classe, est frangé d'argent ; à son sommet et à chaque angle, un panache noir et blanc. Autour du catafalque, brûlent d'innombrables cierges ; dans le chœur, les lustres sont allumés.

La cérémonie commence. Mgr Fuzet prend place sur le fauteuil épiscopal garni de tentures noires.

La messe est dite par M. l'abbé Dubois, curé-doyen de la paroisse. La maîtrise, sous la direction de M. l'abbé Dumontier, exécute la messe de *Requiem* avec une rare perfection.

Après l'Evangile, Mgr Fuzet monte en chaire et prononce une allocution que nous sommes heureux de reproduire et qui a été écoutée avec la plus religieuse émotion :

> « *Fulgebunt qui ad justitium*
> « *erudiunt multos, quasi stellæ*
> « *in perpetuas æternitatcs.*
> « Ceux qui enseignent aux
> « hommes la science et la vertu
> « brilleront cemme les étoiles, et
> « leur nom ne s'éteindra jamais.
> « (Dan. chap. XII, III).

« Mes Frères,

« L'oracle sacré ne se vérifie-t-il pas en ce jour de deuil ? Au-dessus de cette pompe funèbre, n'apercevons-nous pas les premiers rayons de cette gloire immortelle promise à ceux qui enseignent aux hommes la science et la vertu ? « *Fulgebunt qui* « *ad justitiam erudiunt multos, quasi stellæ in perpetuas æter-* « *nitates.* »

« Celui que nous conduisons à sa dernière demeure ne fut qu'un pauvre Frère des Ecoles chrétiennes. Et cependant, voici réunis autour de son cercueil, dans leurs nombreux représentants, l'administration, la magistrature, l'armée, le conseil général, les sociétés savantes, toute la population de la cité, tout le clergé. Et moi, votre Evêque dans le cœur duquel retentissent vos joies et vos douleurs, je viens au nom de tout mon diocèse, payer le tribut de nos regrets et de nos louanges à la mémoire du très cher frère Eugène-Marie.

« Ah ! qu'elle est vraie la parole de nos saints livres : *Ceux* « *qui enseignent aux hommes la science et la vertu brilleront* « *comme les étoiles, et l'éclat de leur nom ne s'éteindra jamais.* »

« N'attendez pas de moi, mes frères, que je vous raconte la vie de ce religieux à qui nous faisons ces triomphales funérailles : je ne la connais pas. Je ne sais qu'une chose, et elle suffit à sa gloire : pendant cinquante ans il a instruit vos enfants ; pendant cinquante ans, par sa science, son caractère et ses vertus, il a mérité l'estime, l'affection de tout ce département. Comme professeur, puis comme supérieur, il a élevé le Pensionnat et l'Institut agricole de Beauvais au rang des établissements similaires les plus renommés. Sa moisson fut longue et magnifique. A la fin, hélas ! le vaillant moissonneur est tombé foudroyé sur ses gerbes d'or.

« Ah ! pleurez, enfants de nos écoles, jeunes gens de l'Institut, versez toutes vos larmes, désolez-vous, agriculteurs de l'Oise, le frère Eugène est mort !

« Sa parole autorisée ne nous dévoilera plus les secrets de la science ; sa sagesse éclairée et tolérante ne vous guidera plus ; vous n'entendrez plus dans les plaines du Beauvaisis, dans les concours régionaux, dans les jurys d'examens, ses doctes leçons et les conseils de son expérience marqués au coin d'une haute raison.

« Mais, mes frères, si sa voix s'est tue pour toujours, son nom seul nous sera sans cesse un enseignement. Il rappellera à tous la puissance de la religion qui crée de tels dévouements, et en nourrit la flamme pendant de longues années : il rappellera à tous la fécondité heureuse de l'Institut du Bienheureux la Salle qui, depuis trois siècles, nous donne de semblables éducateurs ; il rappellera aux ouvriers, aux artisans, à tous les travailleurs, que cet enfant du peuple les aima d'un amour généreux et que les mains qui s'élèvent chaque jour vers le Ciel ne sont pas les moins empressées à les servir ni les moins fidèles à porter le drapeau de tous les progrès légitimes et de toutes les justes revendications ; ce nom béni rappellera aux représentants des pouvoirs publics que sous le religieux ils trouvèrent constamment un ardent patriote, loyalement soumis au gouvernement de son pays, qui ne demandait que la liberté pour tous et qui ne cherchait que le bonheur de la France ; à vous tous, Messieurs, qui fûtes ses collaborateurs, et ses amis, il rappellera quel noble cœur battait dans cette poitrine, et quelle âme simple et grande vous apparut toujours dans le commerce plein de charme que vous aviez en lui. Non, non, un homme qui laisse un tel enseignement n'est pas mort tout entier. Du fond de sa tombe, il nous parlera toujours, car « *ceux qui ont enseigné* « *aux hommes la science et la vertu brilleront comme les étoiles,* « *et l'éclat de leur nom ne s'éteindra jamais.* »

Et maintenant, Messieurs, instruisons-nous et prions.

« Dimanche encore, le frère Eugène était plein de vie ; il avait présidé avec son activité ordinaire aux derniers préparatifs de la distribution des prix ; la fanfare saluait l'entrée de la foule accourue à cette solennité, lorsqu'il se sentit mortellement frappé, et la fête n'était pas achevée qu'il avait rendu sa belle âme à Dieu. O mort, que tes coups sont imprévus ! O hommes insouciants de vos destinées éternelles, ne pensez-vous jamais à ces cruelles surprises dont la mort est coutumière ! Hélas ! lorsqu'elles surviennent autour de nous, nous nous émouvons, nous nous épouvantons ; puis le sillon douloureux se referme, et nous reprenons tranquillement le cours de l'existence. Ah ! souvenons-nous que le fil de nos jours peut être aussi soudainement tranché, et soyons toujours prêts à paraître devant le redoutable tribunal qui nous attend au-delà de la vie.

« Le frère Eugène était prêt ; il avait reçu le matin la divine Eucharistie ; et les mérites de sa longue carrière nous donnent la certitude qu'il a pu se présenter avec confiance devant le juste Juge. Prions néanmoins ; hâtons l'heure où, après les expiations qui attendent les plus parfaits, ce bon et fidèle serviteur entrera dans la joie de son Maître, où il ira s'asseoir à côté des saints qui ont enseigné aux hommes la science et la vertu et dont les échos redisent éternellement les noms glorieux : « *Fulgebunt quid ad justitiam erudiant multos, quasi stellæ in perpetuas æternitates.* » Amen.

Le *Pie Jesu* a été chanté par une voix dont l'accent a soulevé, dans la nombreuse assistance, une communicative émotion.

S. G. Mgr l'Evêque a donné l'absoute. La cérémonie religieuse terminée à Saint-Etienne, le cortège, plus nombreux encore qu'à l'entrée dans l'église, s'est dirigé vers le cimetière.

XXI.

La sépulture des Frères se trouve sur le milieu de l'un des côtés du rectangle du troisième enclos.

Le caveau est entouré d'une grille et surmonté d'une grande croix en bronze doré, reposant sur une colonne sur laquelle on lit ces mots : *Sépulture des Frères*, et au-dessous : *Frère Ménée.*

De chaque côté, et un peu en arrière, une pierre tumulaire verticale sur laquelle sont gravés les noms des Frères à côté desquels va reposer le T. C. frère Eugène.

Au-dessus, une banderolle en pierre sur laquelle on lit : *Heureux les morts qui meurent dans le Seigneur, ils dorment en paix, car leurs œuvres les suivent.*

Après les dernières prières, M. le comte de Luçay, vice-président de la Société des Agriculteurs de France, avec une émotion visible, prononça le discours suivant :

« Messieurs,

« Avant que la tombe ne se referme sur les dépouilles mortelles de l'éminent religieux que nous venons de conduire à sa dernière demeure, vous voudrez bien qu'au nom de la Société des Agriculteurs de France, je lui adresse un suprême adieu.

« Ce qu'a été, ce qu'a fait le très cher frère Eugène-Marie, ce n'est ni le lieu, ni le temps de le rappeler ici en détail. Vous le savez, du reste, autant et mieux même que moi, habitants de Beauvais et cultivateurs du département qui vous pressez autour de son cercueil, car vous avez été les témoins, les admirateurs de sa longue vie toute faite de labeur et de dévouement, et vous avez certainement gardé le souvenir des hommages que lui ont rendus les voix les plus autorisées dans l'imposante cérémonie du 26 mai 1890, à l'occasion des noces d'or de celui que nous pleurons aujourd'hui.

« Mais ce que je ne saurais taire, ce que je vous dois de dire, c'est la consternation qu'a éprouvée, la douleur profonde que ressent le monde agricole de l'irréparable perte qu'il vient de faire dans la personne de ce vaillant entre tous, auquel s'appliquait si bien la devise de l'un de nos regrettés pasteurs, de sainte et douce mémoire : *Impendam et super impendar ipse.*

« Élève et collaborateur du frère Menée, l'intrépide champion de toutes les grandes causes sociales et religieuses, il lui avait succédé en 1864 dans la direction de la maison de la rue de Nully-d'Hécourt, et entre ses mains, quelque lourd qu'il fut, l'héritage ne périclita pas. C'est sous son habile et ardente impulsion que s'est développé l'Institut agricole, qu'il s'est affirmé comme un établissement hors de pair, honoré dans tous les concours des plus hautes et flatteuses distinctions. Son renom, vous le savez, Messieurs, n'a pas tardé à s'étendre bien au-delà de nos frontières, et de toutes les parties du monde les familles lui envoyent leurs enfants, sûres qu'ils y recevront, avec un enseignement de premier ordre, l'instruction morale et religieuse, seule base solide de l'éducation et qui seule forme des hommes vraiment dignes de ce nom.

Le Pensionnat de Saint-Joseph, le Cours normal des instituteurs qu'il dirigea avec un plein succès jusqu'à l'époque où une législation sectaire imposa à chaque département l'obligation d'établissements spéciaux aussi dispendieux qu'inutiles, l'Institut agricole où s'ajoutaient pour lui les fatigues du professorat aux préoccupations du Directeur, ne suffisaient pas à la dévorante activité du très cher frère Eugène. Il n'est pas de concours du département ou de la région, dont il ne prit sa part, auxquels il n'apportât le précieux secours de sa compétence et de son autorité. Placé depuis 1873, par l'assentiment unanime de tous les cultivateurs, à la tête de la Station agronomique de l'Oise, il en dirigeait assidûment les travaux et publiait, sur les expériences faites, des rapports annuels qui sont justement considérés comme des modèles. En même temps, le libre choix de ses collègues l'avait appelé à siéger au conseil départemental de l'Instruction publique.

Je n'ai encore parlé, Messieurs, que du savant, de l'homme d'études et d'action ; que dirai-je de l'homme privé ? de la cordialité de son accueil, de la loyauté de son caractère, de la sûreté de son commerce, de son dévouement sans bornes à ses amis, de son inépuisable obligeance ? Qui de nous, à l'occasion, n'a reçu de lui un conseil, un encouragement, une consolation, un service ?

Cependant, l'âge était venu, et malgré ses avertissements, malgré ceux de la maladie, le très cher frère Eugène demeurait sur la brèche, prodiguant sans compter à ses chers élèves les soins et les enseignements. Mercredi et jeudi derniers, nous avions présidé ensemble aux examens de fin d'année de l'Institut agricole ; il n'avait jamais fait preuve de plus de verve et de science, et, en le quittant et lui disant à dimanche, je ne pouvais en aucune façon prévoir que ce jour-là hélas! je ne devais retrouver mon vieil et excellent ami que sur son lit de mort.

Il est tombé au champ d'honneur, au moment même où le nouveau Pasteur de notre diocèse lui apportait, ainsi qu'à son œuvre, le précieux témoignage d'une haute estime. La mort nous l'a ravi, mais ne l'a pas surpris ; que Dieu daigne, dans sa miséricorde, accorder la paix et le repos au bon serviteur qui n'a cessé de le servir qu'avec la vie.

Adieu, très cher frère Eugène-Marie, 'ou plutôt à revoir dans l'Eternité. »

Puis, le vieil ami de quarante ans du frère Eugène, M. le baron de Corberon, prend la parole en ces termes :

Messieurs,

C'est au nom de nos Sociétés d'Agriculture, au nom de tous les agriculteurs de l'Oise, que je viens dire un dernier adieu à celui que nous pleurons aujourd'hui.

Aux noces d'or du très cher frère Eugène, mes collègues avaient confié à leur doyen l'honneur de présenter en leur nom, à celui qu'ils considéraient comme leur maître et comme leur ami, l'hommage de leur haute estime, de leur respectueux attachement et de leur reconnaissance pour les éminents services rendus par lui à la cause agricole.

Aujourd'hui, je serai encore leur interprète en exprimant le sentiment de profonde douleur qui est venu les saisir tous à la nouvelle du deuil qui les frappe d'une manière si soudaine et si cruelle.

Je ne veux pas parler ici des services rendus depuis plus de cinquante ans par le vénéré Directeur de l'Institut, de ce bon religieux si modeste, si savant, si dévoué, services si nombreux qu'ils ne peuvent pas se compter. Ils resteront gravés d'une manière ineffaçable dans le cœur et dans l'esprit de tous ceux qui l'ont connu.

Dieu seul peut lui donner une récompense digne de lui.

Adieu, mon vieil ami ! Adieu, ou plutôt, au revoir.

M. Paul Blanchemin, président de l'Association des Anciens Elèves de l'Institut agricole, provoque, par ses paroles éloquentes et pleines de cœur, l'émotion chez tous ceux qui ont pu l'entendre :

« Messieurs ,

« C'était un devoir presque sacré pour le président de la Société des Anciens élèves de l'Institut agricole, d'accourir à ce cruel rendez-vous, de venir s'incliner devant cette tombe et d'apporter au nom de ses camarades, à cette grande vie qui s'éteint, le salut du respect et de la reconnaissance.

« Au milieu de notre malheur, une consolation nous a été ménagée.

« Dans cette fête du cinquantenaire, présente encore à toutes les mémoires, nous avons pu du moins entourer notre cher Directeur de tous nos hommages. Il marche vers l'auréole du ciel ; mais il nous quitte environné du filial triomphe que notre tendresse lui avait préparé il y a quatre ans.

« Je n'essaierai pas de retracer la vie du vénéré frère Eugène ! Notre reconnaissance l'a écrite en lettres d'or, le 26 mai 1890, et les divins contrôleurs l'ont déjà transcrite sur le grand livre de la Justice.

« Je voudrais essayer de dire le trait caractéristique de ce maître de la jeunesse.

« C'était un vaillant ! — l'opiniâtre volonté du bien, le travail acharné, la préoccupation d'accomplir sa tâche *jusqu'à extinction de force et de vie*. Voilà la dominante de ce beau caractère !

« Aussi voyez, même dans cette mort qui a fait notre humaine stupéfaction, comme Dieu le récompense. Il tombe l'année finie, sa gerbe faite comme le bon moissonneur. Et voici que nous venons déposer sur *le cercueil* de ce soldat de Dieu, après cinquante-quatre ans de service, tous les succès de cette année, tous les triomphes de ses élèves comme autrefois l'on apportait sur la tombe de Duguesclin mort, les clefs de la ville que sa vaillance investissait !

« Avec cet esprit héroïque, le frère Eugène était la simplicité même.

« Qui n'a gardé le souvenir de son affabilité si pleine de cœur? Qui pourrait oublier cette physionomie un peu rustique, mais fine et souriante, illuminée par la vivacité du regard. La voix était nette, un peu chercheuse quand il professait, mais elle s'imposait dans le discours, aux heures solennelles.

« Petit de taille, le bon Frère souriait en face de ceux qui le dépassaient aisément de toute une coudée; il ne se déconcertait jamais. Ses vives réparties étonnaient ses adversaires, il savait les tempérer d'une telle bonhomie qu'il fallait, bon gré mal gré, se rendre à ses raisons et y faire droit. Ses discours, où vibrait l'amour du vrai et du bien en même temps que le clair exposé de la science la plus sûre, ont fait quelque bruit. Le public aimait saluer la vérité sur les lèvres du hardi lutteur.

« On a dit que son vénérable prédécesseur, le frère Menée, était l'homme des tâches impossibles. Il avait été bien inspiré, lorsque le 6 décembre 1839, il choisit le frère Eugène pour en faire son aide, plus tard son bras droit et son continuateur.

« Tous deux ils voulaient fortement. Le fils de la Champagne ne le cédait pas au Breton. Ils étaient bien de ceux qui avec leur foi sont appelés à soulever des montagnes!

« Et de fait, telle fut un peu leur tâche! Quand le frère Menée mourut, l'œuvre des Frères à Beauvais était en bonne voie, mais combien difficile! Le frère Eugène fut soutenu par deux passions : l'amour de Dieu et l'amour de la France!

« Ce furent ces deux sublimes passions qui le poussèrent à s'envelopper si jeune dans le manteau du sacrifice qui vous couvre, chers frères de De Lassalle! Se dévouer à l'enseignement et à l'éducation du plus humble petit enfant de nos écoles, n'était-ce pas servir Dieu et la France?

« Et plus tard, quand il dut prendre part à la direction de l'Ecole normale, si florissante entre les mains des frères, son but n'était-il pas atteint quand il pouvait préparer à leur mission sévère et honorable ces jeunes gens qui allaient devenir les inspirateurs d'une partie des campagnes environnantes?

« Mais c'était encore et surtout servir Dieu et la France, que de s'attacher au succès de cette fondation, qui fut son œuvre de prédilection, l'Institut agricole! C'est là que je l'ai vu, connu et aimé!

« O! mes chers camarades de l'Institut, qui êtes restés après l'heure sonnée de vos vacances pour venir faire cortège une dernière fois à votre vaillant maître, vous avez admiré sa science, son énergie, son entrain, sa bonne humeur !

« Qu'était-ce donc autrefois ? — Le frère Eugène, à certaines heures, était tout : Directeur, professeur, expérimentateur au laroratoire de chimie, botaniste à la promenade, praticien à la ferme. Il ne connaissait de repos que la variété d'un travail à l'autre, ou le passage de sa chaire d'enseignement à son banc de la chapelle !

« Ah ! Messieurs, si sa tendresse pour ses anciens élèves n'avait transformé la respectueuse admiration que nous lui avions vouée en une amitié qui devait partout nous réconforter, le souvenir de cette activité pour le bien n'aurait cessé de nous inspirer notre devoir. Une voix nous a dit tout bas : « En avant, comme le frère Eugène ! »

« Comment peut-il se faire qu'aujourd'hui, dans notre France si généreuse, on refuse d'utiliser le dévouement de tels hommes pour l'éducation du peuple ?

« On reviendra de cet ostracisme, messieurs ! Le bon sens le veut. — Votre cri, pères et mères de famille qui m'entourez, qui avez, plus que jamais, le sentiment des nécessités d'une éducacation où Dieu préside, protestera en faveur de ces éducateurs !

« Du reste, l'histoire est là ! — Après les bouleversements de la Révolution, quand il fallut relever l'enseignement primaire en France, cinq décrets de la Convention et des pouvoirs qui suivirent n'y purent parvenir. Les vœux des Conseils généraux désignèrent alors les artisans nécessaires de cette réorganisation. — Et savez-vous qui ? — Les frères et les sœurs des ordres enseignants.

« Et ce fut Reims qui rouvrit la première école chrétienne ! La gendarmerie de cette ville avait eu un secrétaire émérite, le citoyen Gaudeune. On découvrit que cet homme cachait, sous la tunique du soldat, l'habit des fils de De Lassalle, et on le chargea, avec huit de ses anciens frères, de réorganiser l'enseignement.

« Voilà les hommes dont le frère Eugène voulut être l'émule !

« J'évoque ces souvenirs près de cette tombe, car si l'on a pu dire des blessures des grands martyrs : ce n'est pas du sang, c'est de la gloire ! — On peut dire ici, ce n'est pas la mort !... C'est de la gloire, c'est de l'espérance !

« Mais, Messieurs, pourquoi aller chercher au loin des motifs d'espérance ? — Est-ce que cette terre ouverte ne renferme pas les germes de toutes les saintes espérances pour le pays ?

« Vous êtes là, frère Menée, l'homme de la première heure et l'exemple de l'inébranlable dévouement ! — Vous êtes là, frère Arsénius, l'organisateur obscur et infatigable de l'enseignement de la jeunesse agricole ! — Vous êtes là, saint abbé Claverie, dont l'image reste dans nos regards comme une révélation terrestre des promesses divines. — Vous allez reposer près d'eux frère Eugène, dans cette parcelle de la terre de Beauvais, pour y protéger cette ville et nos œuvres !

« Oui, chers morts ou plutôt vivants immortels, vous et l'héroïque phalange des Monseigneur Gignoux, des Tocqueville, des Gossin et tant d'amis vénérés de l'institut, si notre ambition de servir, comme vous Dieu et la France, par le développement des fondations d'enseignement dont vous avez entrevu les bienfaits, peut se réaliser, c'est vous qui nous soutiendrez, c'est vous qui continuerez à inspirer et à fortifier le cœur de vos dévoués Frères, de vos collaborateurs restés sur la brèche !...

« Non, ici, ce n'est pas la mort, c'est l'espérance !

« Et vous, Messieurs, qui êtes venus prendre part à cette imposante manifestation, sans distinctions d'opinions (l'amour du bien plane si haut qu'il les efface toutes et qu'il rapproche tous les efforts), emportez du spectacle de cette vie si humble et si haute, une bienveillance renouvelée pour ceux qui n'ont qu'un but : se dévouer ! Cherchez là une raison d'espérer dans des temps où notre patriotisme se sent envahir de tant de douloureuses angoisses.

« Ecoutez la voix du vénéré frère Eugène :

« Et toi, ville de Beauvais, disait-il, au jour de son cinquante-
« naire, toi qui m'as accueilli dans tes murs au jour de ma
« jeunesse, il y a cinquante ans, reçois mon hommage de piété
« filiale !!...

« C'est l'un de tes fils auquel tu as accordé le droit de cité;
« il vient te remercier de ton hospitalité et te souhaiter toutes
« sortes de biens.....

« Oui, noble cité, illustrée par le sang de ton premier évêque
« et martyr saint Lucien et par le courage de ton héroïne Jeanne
« Hachette, que la prospérité habite dans ton enceinte, que
« l'abondance soit dans tes demeures et que tous ceux qui
« t'aiment, ô ville bénie, goûtent les douceurs de la paix ! »

« Tels étaient les vœux qu'il formait pour vous, Messieurs. Je lui dis à mon tour :

« O cher frère, c'est maintenant du haut du séjour de la puis-
« sance donnée aux serviteurs de Dieu que vous allez répéter
« cette consolante prière... Elle portera ses fruits.

« Parlez, parlez tout bas à l'oreille de chacun de nous pour
« le réconforter dans sa route et dans ses résolutions de soldat
« du bien. »

« Messieurs, n'ai-je pas raison de m'écrier qu'au bord de
cette tombe, c'est l'espérance ?

« La France, vous le voyez par cette traînée glorieuse que
laissent au milieu de nous l'humble Frère et l'admirable groupe
de ses dévoués prédécesseurs, la France sera toujours la patrie des vaillants et des saints ! »

M. A. Sirouy, président de la Société des anciens
élèves du Pensionnat, veut aussi dans cette douloureuse
circonstance donner un nouveau témoignage d'affectueuse reconnaissance à son ancien Maître :

« Messieurs,

« Depuis cinquante-quatre ans que le cher frère Eugène-Marie
était entré dans la vie religieuse, il a vu se succéder dans le
magnifique Etablissement fondé par le frère Menée de nombreuses générations d'élèves qui, sous sa paternelle direction,
ont puisé les principes du travail et de l'éducation chrétienne
qui sont l'honneur de la vie.

« C'est en leur nom que je viens aujourd'hui, au seuil de cette
tombe déposer un juste tribut d'affection, de reconnaissance et
de regrets à la mémoire de cet homme de bien, de ce religieux
accompli, de cet éducateur incomparable, de cet ami sûr et dévoué, doué des qualités les plus diverses et les plus rares, qui
constituaient cette personnalité considérable dont la perte est aujourd'hui si universellement et si profondément ressentie.

« En effet, Messieurs, quel hommage éclatant nous voyons
ici : la magistrature, l'armée, l'administration, les représentants délégués par l'admirable Société des Agriculteurs de
France, qui a rendu de si grands services à l'Agriculture de
notre pays, la Société des Agriculteurs de l'Oise, les travailleurs
des villes et des campagnes, toutes les classes de la société re-
présentées autour de ce cercueil, unis dans le même sentiment
de profonde et unanime tristesse pour venir adresser à cet
éminent homme de bien un suprême et sympathique adieu.

« Pourquoi, Messieurs, cette explosion de douleurs et de
larmes qui tombent de tous les yeux, mais aussi de tous les

cœurs ? C'est que le frère Eugène fut au premier chef un homme de cœur ; le dévouement fut la règle de sa vie ; et pour la mission bienfaisante qu'il s'était tracée, il se donna lui-même tout entier, son travail, son intelligence et sa vie.

« Cette puissance de travail que nous admirions en lui nous faisait espérer de jouir encore longtemps de sa cordiale amitié, et de le voir atteindre la longévité de sa vénérable mère qui mourut il y a quelques années à l'âge de quatre-vingt-seize ans.

« Mais cette constitution robuste succomba sous l'excès du travail, et il mourut sur la brèche, de la mort des soldats, de la mort des braves.

« Bon et cher frère Eugène, lorsque naguère vous aviez surmonté les atteintes d'une dangereuse maladie et que nous nous réjouissions de votre retour à la santé, qui nous aurait dit que sitôt nous aurions à vous adresser nos derniers adieux ?

« Mais que dis-je ! Non, cher frère Eugène, mon excellent ami, nous ne vous disons pas adieu ; nous espérons vous retrouver dans l'éternité bienheureuse où vous nous précédez après nous avoir montré le chemin du dévouement, du travail et de la vertu.

« Au revoir, vénérable et bon frère Eugène, au revoir ! »

La cérémonie est terminée à une heure et demie.

Chacun se retire profondément ému, et nous avons vu couler plus d'une larme.

Le très cher frère Eugène n'est plus, du moins sa mémoire vivra longtemps parmi nous.

Il aimait d'une tendresse de père les jeunes gens dont le soin lui était confié. Le progrès moral, le succès de leurs études, la réussite de leur carrière le préoccupait sans cesse.

Comme il obéissait, il voulait lui-même être obéi, et cependant il acceptait sans rancune toute contradiction, toute discussion. La vérité la plus rude ne le blessait pas, et de son côté, il s'exprimait parfois avec une liberté de langage qui tenait à l'énergie de son caractère et à la droiture de ses intentions.

Terminons ici ce rapide compte-rendu écrit au courant de la plume ; certainement il a été commis bien des oublis, que l'on nous excuse.

D'autres voix plus autorisées que la nôtre, ont retracé et retraceront la vie de ce religieux d'autant plus humble qu'il savait davantage.

Son existence servira de modèle et d'enseignements aux générations actuelles et futures, qui sauront mettre à profit cette fécondité intellectuelle qui n'a jamais eu d'autre but que le bien-être, la prospérité de l'Agriculture et l'éducation morale.

Cette grande âme s'était dévouée jusqu'à la dernière heure à l'œuvre entreprise de longue date, laquelle a déjà donné de si heureux résultats, et ne manquera pas de faire lever dans le sillon tracé le bon grain semé par la longue expérience de celui auquel tous se plaisent aujourd'hui à rendre un respectueux hommage.

H. M.

(Moniteur de l'Oise).

XXII.

De tous les points de la France sont arrivées des lettres exprimant le vif regret de ne pouvoir assister aux obsèques du vénéré frère Eugène.

Citons-en quelques-unes :

Murat, 4 août.

Cher Frère,

Après quelques jours d'absence, je trouve ici la lettre m'annonçant la mort du frère Eugène-Marie. Je lui avais voué, avec mon affection reconnaissante, une respectueuse admiration.

Combien j'ai regretté que l'éloignement ne m'ait pas permis de venir grossir le cortège de ceux qui ont pu prendre place à vos côtés, partager votre douleur et unir mes prières aux vôtres pour le repos de l'âme de celui que je pleure avec vous.

X. de C.

Maignelay, 2 août.

Mon cher Frère,

Je vous l'écris, les larmes aux yeux et une profonde tristesse au cœur : demain, je ne serai pas avec vous ; mes prières y seront. Mais lundi, je ne manquerai pas.

Ayez courage : Dieu aura pitié de notre vénéré ami, qui s'est présenté à lui avec une vie pleine de bonnes œuvres. Puisse-t-il nous donner pareille vie et pareille mort, et, à nos amis, pareils regrets.

U. R.

Beaupré (Puy-de-Dôme), 3 août.

Mon bien cher Frère,

Le Seigneur a appelé son serviteur à lui ; que sa sainte volonté soit faite, n'est-il pas vrai ? Mais quel coup de foudre pour vous tous, et nous, ses anciens, qui le croyons toujours bien portant, et qui apprenons subitement sa mort par le journal *La*

Croix, en même temps que la convocation à ses obsèques. Ce cher frère Eugène était de ceux que l'on ne voudrait pas voir vieillir et disparaître. Heureusement qu'il a formé de très nombreux chrétiens qui, après avoir bien prié pour lui, le conjureront de vouloir continuer à diriger, du Ciel, le cher Institut, qu'il a fait si utile et si florissant. —

Que je voudrais pouvoir m'unir à vous pour pleurer sur sa tombe, avec tous nos camarades, maîtres et amis. Impossible de laisser la mère et les cinq enfants à une si grande distance. Nous nous unissons tous ici pour offrir à Dieu nos plus ferventes prières en faveur de la belle âme du très cher frère Eugène.

G. T.

Conches, 4 août.

Mon bien cher Frère,

J'ai éprouvé le plus vif regret de n'avoir pu assister à l'inhumation du vénéré frère Eugène-Marie, et d'apporter ainsi à sa mémoire une nouvelle marque de la respectueuse sympathie d'un de ses anciens élèves.

Je suis persuadé que vous comprendrez le cas de force majeure qui m'a retenu ici, et que mon père vous a expliqué. Mais veuillez croire que je n'oublierai pas dans mes prières le très regretté défunt.

A. de M.

Abbeville, 3 août.

Mon très cher Frère,

Je rentre à l'instant de Paris, où j'avais accompagné mon second fils, qui a passé hier son examen de bachelier, et je suis stupéfait de trouver l'invitation que vous avez bien voulu m'adresser, d'assister aux obsèques du très regretté frère Eugène. Vous comprenez tout ce que cette nouvelle a d'affligeant pour nous.

Nous ne savions pas qu'il fût malade, et nous sommes bouleversés d'apprendre si brusquement la fin d'un des hommes pour lesquels je professais la plus grande estime et le plus légitime respect.

Je suis d'autant plus au regret de m'être trouvé absent au reçu de la lettre d'invitation, qu'indépendamment du vif désir que j'aurais éprouvé à m'associer à votre deuil à tous, qui avez été si bons pour nous, je suis contrarié plus que je ne saurais dire, de l'impossibilité où s'est trouvé mon fils de prendre sa place dans le cortège des élèves qui accompagnaient leur vénéré et bien-aimé maître à sa dernière demeure.

Mais si nous n'avons pu nous joindre à vous le jour de la cérémonie funèbre, nous prions de cœur en ce moment pour que Dieu donne au bon serviteur la récompense due à ses vertus, à son courage et à son dévouement, et nous ne manquerons pas d'aller tous, ma femme, mes enfants et moi, faire, au mois de septembre, notre prière sur sa tombe, et vous renouveler l'expression de la grande part que nous prenons au regret qu'inspire une si grande perte, à vous, ses collaborateurs, à Beauvais, et à tout l'Institut.

P. B.

Ferrières, 10 août.

Mon cher Frère,

Permettez-moi, au nom de M. le comte et au mien, de venir vous exprimer tous nos regrets et le véritable chagrin que nous éprouvons de la perte que vous venez de faire. Le frère Eugène était de ces hommes que l'on ne remplace que difficilement. C'est une perte pour la France entière. Elle sera doublement sentie par tous ceux qui ont eu l'avantage de fréquenter le cher défunt.

Mon fils était en voyage ; il regrette bien vivement de n'avoir pu se joindre à ses anciens camarades pour donner son témoignage d'affectueuse reconnaissance à celui qui avait été si bon pour lui.

Nous avons compensé notre absence en priant davantage et mieux.

Comtesse de B.

Angoulême, 4 août.

Mon cher Frère,

J'apprends, avec le plus vif regret, la perte que vous venez de faire en la personne du très cher frère Eugène-Marie.

Bien que je n'aie fait qu'un court séjour à Beauvais, il m'avait cependant été donné de voir en maintes circonstances, le zèle infatigable avec lequel il poursuivait sa tâche, s'efforçant de lutter contre le septicisme du temps, et inspirant à ses élèves, à force d'exemples et de dévouement, une juste idée de l'amour de Dieu, l'attachement à la religion, l'estime de l'existence modeste : toutes choses si nécessaires et pourtant si peu comprises aujourd'hui ; aussi le mérite véritable du très cher frère Eugène doit-il être reconnu.

Si imparfaitement que j'aie profité de ses enseignements, j'ai trop à m'en féliciter pour n'en être pas reconnaissant.

J'unirai de tout cœur mes faibles prières aux vôtres, pour lui aider, si cela est nécessaire, à arriver promptement au ciel avec ceux qui, comme lui, ont toujours marché dans la voie du devoir et l'ont enseignée aux autres.

Veuillez, etc.   C. D.

Laon, 4 août 1893.

Mon cher Frère,

Jusqu'à la dernière heure, j'ai fait tous les efforts possibles pour me rendre libre et aller à Beauvais me joindre à la foule qui accompagnait le vénérable frère Eugène à sa dernière demeure. Malheureusement nous sommes au milieu d'une session d'assises et, comme vous le savez, c'est un véritable service public que nous y remplissons. J'ai été désigné d'office pour plaider et il m'a été impossible de me débarrasser de ce fardeau pour aller où mon cœur m'appelait.

En dehors des raisons personnelles que j'avais d'aimer et d'estimer le cher frère Eugène, j'aurai voulu, comme tout le monde, prendre ma part au deuil public que cause sa mort inattendue, et lui apporter le modeste hommage d'un ami perdu dans la foule de ceux qui le pleuraient.

Mais, au moins, mon cher frère, je vous prierai d'accepter et de transmettre à tous ceux de vos confrères que je n'ai pas l'honneur de connaître personnellement, l'expression de mes regrets et de la douloureuse émotion avec laquelle j'ai appris le malheur qui vient de frapper votre maison.   L. J.

Genève, 6 août.

Mon bien cher Frère,

Un mot de ma mère m'apprend à l'instant le cruel et irréparable malheur qui nous frappe dans la personne si aimée et si respectée du cher frère Eugène. Je ne puis croire à cette triste nouvelle et en suis tout bouleversé. Pourquoi Dieu nous prive-t-il sitôt de ce grand cœur, de cette belle âme, de cette si forte et grande intelligence?... Nous ne pouvons que prier pour lui ;

mais plutôt ce sera lui qui priera pour nous tous, pour tous ces élèves qu'il a su si vaillamment guider; car sa vie a été toute de devoir et d'abnégation, et il doit en avoir reçu l'éclatante récompense. Je voyage depuis un mois, et c'est un grand chagrin de ne pouvoir me joindre à vous et à tous les anciens élèves qui rendront à ce cher Directeur les pieux et derniers devoirs; voulez-vous, je vous prie être mon interprète le plus fidèle auprès de tous.

G. DE R.

XXIII.

Voilà terminée cette précieuse existence dont les œuvres ont fait quelque bruit. Mais nous pouvons dire, sans crainte d'être démenti, que le mobile du frère Eugène était de vouloir et de faire le bien, en toutes circonstances, avec une énergie, une persévérance que les difficultés ne rebutaient jamais.

Il le voulait pour la gloire de Dieu, le maintien et l'extension de la religion sainte à laquelle il s'était donné tout entier. Il le voulait pour la prospérité de l'agriculture française, base et source de la prospérité nationale.

Il le voulait surtout pour ceux qu'il était chargé de diriger afin qu'ensuite, par diffusion, il rayonnât sur tous sans distinction de classes et d'opinions.

Il mettait en première ligne l'honneur et la prospérité de la Congrégation à laquelle il appartenait.

Bien que très indépendant par nature, il avait une déférence, un religieux respect pour tous ses supérieurs, et il recommandait toujours à ses subordonnés l'obéissance qu'il accordait lui-même à toute autorité venant de Dieu.

Homme de labeur constant et de progrès, l'instruction à tous les degrés le préoccupait sans cesse. Nommé à la presque unanimité, au Conseil départemental de l'Instruction publique, il était exact aux réunions qui demandaient sa présence. A l'occasion, il sollicitait l'indulgence pour le coupable ou l'oublieux ; mais

7

il défendait avec une vigoureuse énergie l'innocent ou l'opprimé, toujours avec une franchise, une loyauté, une sincérité qui le faisaient estimer même de ses contradicteurs.

Nous ne pouvons mieux le caractériser à cet égard qu'en citant l'allocution de M. l'Inspecteur d'Académie à la réunion du *Conseil départemental de l'Instruction publique* qui suivit la mort du regretté défunt :

« Messieurs,

« Avant de passer à l'étude des questions inscrites à notre
« ordre du jour, j'ai l'honneur de porter à la connaissance du
« Conseil départemental la mort de M. E. Chanoine (en religion
« frère Eugène-Marie), qui représentait au milieu de nous l'en-
« seignement privé congréganiste.
« Sa longue expérience des choses de l'enseignement lui assu-
« rait au sein du conseil une autorité incontestable, et nous
« n'avons cessé de l'écouter avec la plus respectueuse attention.
« D'un tempérament ardent et d'une vive intelligence, il expo-
« sait son opinion avec fermeté, mais il savait écouter ses col-
« lègues et ne demandait qu'à se laisser convaincre par de
« bonnes raisons. Même dans les affaires disciplinaires, où la
« divergence des opinions est si naturelle, nous avons souvent
« pris, grâce à lui, des décisions à l'unanimité des votants.
« C'était un esprit droit et tolérant qui avait le plus grand res-
« pect de la justice et de la légalité.
« La mort imprévue du frère Eugène est une perte considé-
« rable pour l'enseignement privé ; elle est aussi pour nous une
« cause de deuil. Le Conseil départemental perd dans le frère
« Eugène un de ses membres les plus compétents, et je crois
« être l'interprète du Conseil tout entier en saluant une der-
« nière fois celui qui est parti pour toujours. »

Le Conseil départemental a décidé que l'expression de ces regrets seraient transmise officiellement à la Congrégation des Frères des Écoles chrétiennes.

Après ses frères, ses élèves anciens et nouveaux

étaient l'objet de ses principales préoccupations. L'intérêt dévoué qu'il leur portait les accompagnait au delà de l'Ecole, jusque dans leurs familles, qu'il était heureux de voir, unies, chrétiennes et prospères.

N'est-il pas consolant de penser que les générations d'hommes qu'il a enseignées par la parole et par l'exemple sont dignes de leur formateur.

Il aimait à citer les encourageantes paroles d'un saint évêque de Beauvais : « *Mes chers frères, dans mes visites pastorales, il m'est aisé de distinguer vos anciens Elèves ; ce sont eux qui, presque partout, s'empressent de recevoir et de faire honneur à leur premier Pasteur. C'est une preuve qu'ils ont conservé la foi que vous leur avez enseignée* ».

Ne pourrions-nous pas voir aussi au-delà du diocèse et du département de l'Oise les résultats de cette forte éducation chrétienne, chez ces agriculteurs éminents qui peuplent les diverses contrées de la France et de l'étranger.

Les services rendus à l'agriculture, en effet, ne sont pas moins évidents.

Les jeunes hommes qui ont appris la science agronomique à l'Ecole de Beauvais n'ont-ils pas contribué, pour une large part, à la diffusion des meilleures méthodes culturales, pour amener l'ère de prospérité agricole que nous espérons ?

Puis, le frère Eugène n'a-t-il pas directement exercé une heureuse influence par ses nombreux écrits sur divers sujets agricoles. Ne peut-on pas lire avec intérêt et profit les *Annales de l'Institut, de la Station agronomique*, les *rapports de concours*, les *articles de journaux*, où sont résumés, avec une clarté remarquable, les travaux sérieux de quarante années d'études agricoles, théoriques et pratiques !... Qui ne sait, dans l'Oise et ailleurs, que la compétence du frère Eugène, sur une foule de questions agricoles, n'a jamais été contestée.

Personne mieux que lui n'a compris que servir Dieu et travailler le sol qui fait vivre et enrichit les peuples, c'est servir efficacement son pays, et que le bon agriculteur chrétien lui apporte un rayon de gloire et de bonheur qui vaut tout autant que celui que peut lui procurer le succès de ses armées.

Il aimait à citer Bugeault : *Améliorer l'agriculture, c'est une gloire qui vaut toutes les autres.*

Et Napoléon Ier : *Un homme qui fait pousser deux épis au lieu d'un est plus grand, à mes yeux, que tous les génies politiques.*

Patriote au premier chef, le frère Eugène aimait la France; il voulait la voir grande et prospère. Tout en gardant la réserve et la prudence que lui commandait son caractère de religieux, il s'animait au récit de ses gloires et de ses défaites; il n'hésitait pas à faire connaître ses impressions sur les hommes et les événements. Parfois il n'était pas tendre pour ceux qui se font un jeu, un marchepied de la politique au lieu de donner loyalement leur dévouement pour le bien de la patrie.

Voilà ce que fut l'homme, le religieux dont nous venons d'esquisser la vie. N'a-t-il pas été un vrai bienfaiteur de l'humanité !

Avec les qualités dont il était doué, le frère Eugène aurait pu aspirer aux places les plus brillantes, selon le monde; il a préféré l'humble habit de bure des disciples du bienheureux de La Salle.

Comme les grands caractères et les âmes généreuses engagées dans la voie du bien, il a toujours accepté joyeusement les durs sacrifices qu'on y rencontre. Il aimait à répéter à ses confrères qu'il n'avait jamais regretté un instant d'avoir embrassé la vie religieuse ; que l'abandonner serait une lâcheté, une trahison.

C'est ainsi que, pendant plus d'un demi-siècle, il a donné généreusement à Dieu et au prochain, ses talents, son cœur, son dévouement et sa vie.

Aujourd'hui, tout est fini pour lui ici-bas. Mais son souvenir laissera des traces ineffaçables, et sa belle âme jouit sûrement dans le sein de Dieu du bonheur promis aux bons et fidèles serviteurs.

Ses anciens Elèves et ses nombreux amis, voulant perpétuer sa mémoire, ont ouvert une souscription pour élever un Monument digne de cet homme de bien.

Dans la cour d'honneur de l'Etablissement, un monolithe, en forme de socle carré, portera la statue du *Bienheureux de La Salle*, fondateur des Frères des Ecoles chrétiennes.

Sur la face principale, le portrait en relief du frère Eugène. — Sur les autres faces, ceux du frère Menée, fondateur de l'Etablissement ; de M. L. Gossin et de Mgr Claverie, qui ont tant contribué à la fondation et à la prospérité de l'Institut, du Cours normal et du Pensionnat.

XXIV.

Les inquiétudes, les sinistres pressentiments qui ont
suivi la mort du frère Eugène au sujet de l'avenir des
œuvres qu'il a fondées et fait prospérer sont aujourd'hui
dissipés.

La Providence, qui veille avec un soin jaloux sur les
créations qu'elle a inspirées et bénies, a fait découvrir
au Supérieur général des Frères, le digne successeur et
continuateur du frère Eugène.

Déjà, en effet, le cher frère Paulin s'est révélé comme
un homme supérieur. Avec des talents variés, comme
le regretté frère Eugène, il est doué d'une grande
énergie, d'une activité rare qui n'est dépassée que par
une amabilité qui charme tous ceux qui l'approchent.

Rien ne le dépeindra mieux à ceux qui portent intérêt aux œuvres multiples des Frères, à Beauvais, que
le discours qu'il a prononcé à la réunion des anciens
Elèves de l'Institut agricole, fin janvier 1894 :

« Messieurs,

« La vie est un rêve, dit-on.

« Je suis bien tenté de le croire.

« Ce qui se passe autour de moi depuis quelques jours à peine
me fait souvent me demander si je suis bien dans la réalité ou
dans l'illusion d'un songe.

« Les éloquentes et délicieuses paroles que vous venez d'en-
endre ne font que me plonger de plus en plus dans le monde
éthéré : nul doute, je rêve ; mais laissez-moi vous dire tout mon
rêve.

« C'était au printemps dernier, la volonté de mes vénérés Supérieurs m'appelait à Paris pour ma retraite annuelle.

« Une attention toute particulière du T. C. Frère Supérieur général m'envoyait, la veille des exercices, visiter l'Institut agricole de Beauvais. Bien contrairement à mes habitudes, je manque le premier train. Une deuxième fois, je me dirige vers la gare du Nord. Un orage épouvantable éclate sur Paris ; perché sur l'impériale d'un tramway, je reçus, sans parapluie, une grêle serrée accompagnée d'une ondée diluvienne attendue depuis longtemps par les campagnes, et que je trouvai cependant bien inopportune.

« Les rues de Paris étaient inondées ; les chevaux n'avançaient qu'avec peine, enfin nous arrivons à la gare juste assez tôt pour constater que le train venait de partir.

« Je trouvais ces faux départs assez extraordinaires et je me demandais quel génie infernal s'acharnait contre moi. Je ne perdis pas courage, cependant, je revins à la rue Oudinot, et après avoir réparé du temps le réparable outrage, je repris le chemin de la gare du Nord. Cette fois je fus plus heureux.

« A sept heures du soir, je frappais à la porte de l'Institut agricole.

« J'aborde le C. F. Directeur et je m'annonce moi-même.

« *Oh !* me dit-il, avec cette charmante brusquerie qui lui allait si bien : *vous arrivez fort mal, moi je pars, entendez-vous avec le frère Antoine.*

« Je me rendis à l'Institut où je reçus l'accueil que vous y retrouverez toujours, lorsque vous voudrez bien vous souvenir que le trajet est court de partout jusqu'à Beauvais.

« Après quelques instants, la connaissance était faite.

« Le lendemain jeudi j'assistai à la sainte messe avec toute la maison. J'entendis des voix puissantes, unies délicieusement aux jeunes accents des élèves du Pensionnat.

« On sentait les cœurs vibrer dans ces beaux cantiques ; c'était l'expression vraie d'une foi profonde. A huit heures du matin, je reprenais le train.

« Vous n'avez rien vu, me dit le Frère Directeur, revenez après votre retraite. Arrivé à Paris « *Eh bien ! que pensez-vous de Beauvais ?* » me demanda le T. H. Frère Joseph.

« En toute simplicité et dans la sincérité de mon âme, je lui répondis : Mon T. C. Frère Supérieur, Beauvais est l'idéal que peut rêver un éducateur de la jeunesse. Vraiment tout y est bien et bon ; on ne peut s'empêcher de l'aimer.

« Avez-vous vu Beauséjour ?

« Non, lui dis-je. Eh bien ! ajouta le Supérieur, après votre retraite retournez voir Beauvais ; j'y tiens. Huit jours après je visitais Beauvais et ce marais, et ces fermes, et ce ravissaut Beauséjour.

« Partout j'admirais les résultats d'une savante direction agricole. J'apprenais à connaître ces zélés professeurs, ces religieux dont le dévouement, la science, l'expérience se complétaient si bien de la plus fraternelle aménité.

Je causai longuement avec le bon Frère Eugène, je l'entendis me dire : *Je me fais vieux; je n'irai pas loin; il faut que l'on pense à me remplacer*.

« Un professeur, ici présent, me dit aussi : *Vous devriez venir à Beauvais*. Je vous l'avoue, un secret désir était né dans mon cœur.

« J'aimais déjà l'Institut, et je répondis en toute sincérité : Ce serait avec un grand bonheur que je reprendrais à Beauvais ma vie de professeur.

« Rentré à Montbrison, je remplis ma mission de mon mieux ; mais le cœur n'était plus là, je rêvais de Beauvais.

« Une attention délicate m'avait fait parvenir les annales, les bulletins de la Société des Anciens Elèves. Je voyais l'histoire de l'Institut et j'apprenais à connaître les frères Ménée et Arsénius. J'admirais : les de Tocqueville, les Gossin, les de Corberon et toute cette pléiade d'hommes dont le dévouement fonda si solidement cette grande œuvre : L'Institut Agricole.

« Puis l'histoire moderne m'apparaissait à son tour.

« Je voyais le frère Eugène. Je ne savais quoi de plus admirer, ou du savant, ou de l'homme d'action, ou du religieux.

« Je m'arrêtai, Messieurs, avec un respect profond devant cet homme qui fut un caractère, et que l'on ne pourra définir qu'en le nommant :

« Il était : le frère Eugène !

« Dans ce bulletin j'apprenais à connaître de grands cœurs. Je voyais un Blanchemain toujours prêt aux nobles entreprises, l'âme toujours ouverte aux plus belles inspirations. Je le voyais à la tête d'une phalange dont les recrues se sont formées sur le même modèle.

« A côté de ce groupe d'élite, je trouvais une autre Association. Un Sirouy fait sa gloire et indique à tous le droit chemin de l'honneur !

« Et je rêvais toujours délicieusement de Beauvais, et je me prenais à espérer, à désirer même que la Providence voulût bien m'admettre à travailler, sous la conduite de tels chefs, aux côtés de si dévoués confrères.

« Tout à coup mon rêve devient un cauchemar affreux.

« Une fatale nouvelle m'arrive :

« Le frère Eugène est mort !

« Vous dire le tumulte de mes pensées, les angoisses de mon cœur en cet instant serait impossible.

« Deux jours après, je recevais l'ordre de me rendre à Paris.

« Autour de moi, on était unanime à préjuger du motif de ce voyage.

« J'arrive et, là, j'apprends de la bouche de mon vénéré supérieur le frère Joseph, la mission que me confiait l'obéissance.

« Il est de ces fardeaux qui écrasent sans laisser la force de pousser un gémissement.

« Seule une puissance surnaturelle peut leur faire équilibre.

« Il est de ces émotions dont on ne peut exprimer les étreintes.

« Dieu, qui sonde les reins et les cœurs, fortifia celui qui fit appel à sa grâce.

« Béni par mon supérieur, je me relevai et j'allai demander une nouvelle jeunesse, non pas à la fontaine de Jouvence, mais à la source des roches de Massabielle. A celle qui a dit : je suis l'Immaculée-Conception, je demandai guide et protection pour diriger ceux qui sont fiers de célébrer leur fête patronale le 8 décembre, anniversaire de la fondation de l'Institut.

« De Lourdes je me rendis à Beauvais ; je me jetai aux pieds de saint Joseph, le grand, le vrai et puissant directeur de la maison.

« Succéder au frère Eugène ! quelle tâche ! mais quel bel exemple à suivre.

« Cet homme est mort debout comme meurent ceux que Dieu a marqués du sceau des héros.

« Il ne m'appartient pas de faire son éloge après ce que vous venez d'entendre.

« Comme ces héros de l'histoire, il semble avoir convié à la gloire éternelle ses chers compagnons de travail. Les de Salis, les Gossin le précèdent ou le suivent de près au repos éternel.

« Que restera-t-il ?

« Il restera son œuvre !

« *Dieu seul ne meurt pas !* dit Garcia frappé à mort.

« Dieu vit dans ses œuvres, et c'est leur cachet de survivre aux instruments humains que la Providence emploie.

« Les professeurs ont disparu, mais l'Institut n'a-t-il pas des fils ?

« Les Crépeaux, les Milon, les Léluy reviendront à l'Institut prendre la place de ceux qui furent leurs maîtres.

« Lorsque les fils deviennent dignes de succéder à leurs pères, l'avenir de la famille est assuré.

« La glorieuse histoire du nom porté verra encore de belles pages.

« Les frères Almir, Alfrid et Bertinien sont toujours vaillants au poste confié depuis longtemps à leur valeur intrépide. N'avons-nous pas ici le doyen des frères professeurs, le frère Adelin. De plus jeunes frères ont, depuis quelques années déjà, augmenté le nombre toujours croissant des maîtres dévoués de l'Institut.

« Nos anciens professeurs séculiers, si dignement représentés ici par M. Albaret, montrent toujours un zèle admirable dans leur mission.

« Le groupe des anciens devient de plus en plus nombreux et uni.

« Peut-il en être autrement sous l'impulsion féconde d'un tel président ?

« Vos relations sont franchement amicales ; on sent qu'un même esprit vous anime toujours.

« Vit-on jamais une réunion d'anciens condisciples s'estimant davantage ; s'aimant plus, je dirai s'aimant autant ?

« On sait le bien que vous faites autour de vous. On connaît les grands et bons exemples que vous donnez à tous.

« Vraiment, Messieurs et bien chers Amis (permettez-moi ce mot dès aujourd'hui) si la fierté est un sentiment parfois permis au religieux, laissez dire à celui que vous voulez bien nommer votre Président honoraire :

« Mes amis, je suis fier de vous ! »

« Messieurs j'entends toujours la première parole que m'adressa le frère Eugène.

« Laissez-moi vous la redire encore. Je pars, m'avait-il dit, entendez-vous avec le frère Antonis.

« Il ne croyait pas me dire son dernier adieu dans ce mot : *je pars*.

« *Entendez-vous avec le Frère Antonis*, c'était son testament.

« Il me fut doux et facile de l'exécuter

« Si deux âmes peuvent se comprendre, s'harmoniser, se

compléter, pour ainsi dire, j'affirme qu'il en est ainsi des nôtres.

« Nous nous sommes compris dès le premier instant.

« Nos vues, nos désirs, nos affections sont les mêmes.

« Je bénis la Providence de m'avoir ménagé une si précieuse amitié dans mon bien cher Sous-Directeur.

« Pour vous tous qui le connaissez si bien, ces sentiments ne doivent pas vous étonner.

« Je sais et je vois de quelle respectueuse et constante amitié vous l'entourez ; je vous en félicite.

« C'est à son école que vous avez puisé, et les leçons qui font de vous des agriculteurs émérites, et des chrétiens convaincus.

« Près de lui vous trouvez le conseil dans la difficulté, l'encouragement dans les épreuves. Il partage vos joies et vos peines. C'est le cachet de la véritable amitié. Vous le trouverez toujours chez lui, je le sais, et vous bien mieux encore.

« Mercredi dernier j'avais l'honneur d'assister à l'ouverture de la 25e session des Agriculteurs de France. J'ai entendu de la bouche de M. le marquis de Dampierre ces flatteuses et encourageantes paroles. *Nous avons pris sous notre patronage l'admirable Institut de Beauvais.* Au nom de l'Institut, je dirai : Merci ! M. le Président des Agriculteurs de France, merci ! Nous comprenons ce à quoi nous oblige un si haut patronage. Avec l'aide de Dieu, nous aurons à cœur de répondre à votre attente.

« Déjà j'ai eu l'honneur d'être reçu par M. le marquis de Dampierre avec une bienveillance toute particulière et vraiment bien touchante ; il m'a spontanément promis une visite à Beauvais pour ce printemps. MM. les vice-présidents ont bien voulu aussi faire l'accueil le plus sympathique au nouveau Directeur de l'Institut. Je les en remercie sincèrement.

« N'est-ce pas l'un deux qui présida les examens de l'Institut en juillet dernier ?

« Que Monsieur le comte de Luçay me permette ici de le remercier de tant de dévouement pour l'Institut de Beauvais. Infatigable pour le bien, naguère il mettait encore son talent et sa haute autorité au service d'une œuvre qui nous est bien chère : l'œuvre du B. de la Salle, ou des petits noviciats.

« C'est tout le Bureau des Agriculteurs de France que je dois remercier de m'avoir prodigué les plus précieux encouragements.

« Laissez-moi vous dire à tous aussi, Messieurs, que je dois à la Société des Agriculteurs de France mes plus précieuses récompenses pour mes modestes travaux sur l'électro-culture.

« Confiant en la Providence qui gouverne tout ; comptant sur les bénédictions particulières que le frère Eugène et tous ceux qui ont aimé Beauvais nous obtiendront du ciel ; m'appuyant sur les plus hautes protections et les plus précieux concours, je regarde l'avenir sans trouble et le cœur plein d'espérance.

« Je considère notre cher Institut ; je vois les hommes de foi et de courage qui l'ont fondé ; je vois la grande Société des Agriculteurs de France qui le patrone ; je vois ce groupe admirable des anciens qui fait sa gloire incomparable ; je vois ses élèves toujours plus nombreux ; je vois ses maîtres absolument dévoués ; je vois, Messieurs, que la réalité a dépassé tous mes rêves !

« Si mon premier mot sur l'Institut a été : *je l'aime* ; si ce vrai cri du cœur a pu fixer le choix de la Providence, je ne le regrette pas et je puis le répéter en toute sincérité. L'amour vrai se révèle par le dévouement. J'espère vous prouver que je le comprends ainsi.

« Pardon d'avoir été si long ; mais je désirais, dans cette première et solennelle réunion, vous ouvrir toute mon âme afin que désormais nous nous connaissions intimement.

« Et maintenant, Messieurs, je boirai à la santé de nos chers anciens, à leur prospérité, à leur bonheur !

« A la santé et au bonheur de votre bien-aimé Président et de sa chère famille !

« Je devrais bien me venger un peu de ses trop flatteuses paroles à mon adresse ; mais sa bonté, son amabilité me désarment, comme son talent nous enchante.

« Pour vous, Messieurs, qui avez bien voulu venir au milieu de nous dans cette réunion toute fraternelle, laissez-moi aussi porter vos santés.

« A la prospérité, à la gloire des Agriculteurs de France ! »

Le bon frère Eugène, du haut du ciel, doit sourire aimablement, en voyant les œuvres qu'il aimait tant se perpétuer ; il doit supplier Dieu de les bénir et de les faire prospérer sous la direction de son digne successeur.

C'est aussi le vœu et l'objet des prières de tous ses amis.

SIGNUM FIDEI

BEAUVAIS, IMPRIMERIE D. PERE, A. CARTIER, GÉRANT.